「親の介護」は
猫に
たとえちゃえばいい。

田中克典

ネガティブな気持ちになりがちな
介護がラクになる本

日本実業出版社

はじめに

　この本のタイトルを見て、「猫にたとえる？　猫はかわいいけど、親の介護と猫は関係ないでしょ」と思った方が多いと思います。

　猫は1日14〜16時間も寝て、起きたと思ったら、大きな伸びをして、ご飯をねだってくる。なでなでして気持ちよくしていると思ったら、いきなり噛みついてくる。柱やソファーで爪をとぐなど、いたずらも日常茶飯事。こんな動物だけれど、そのかわいさに癒されるから、それで十分だと思うのも無理はありません。

　ですが、猫のしぐさや動作、習性をよく観察すると、高齢者の生活にとって参考になることが意外に多いと気がつきました。もちろん、真似してはいけないこともありますが…。

　かわいいだけではない猫の魅力を再発見し、高齢になった親の生活のヒントや介護予防の参考になればと思い、「猫の手」を借りながら本書が誕生しました。

　執筆にあたっては、「猫の目」のようにめまぐるしいケアマネジャーの仕事の合間を縫って、猫の生態を観察しました。親の老後生活や介護のことが心配になったあなたに、ぜひ読んでいただき、参考にしていただけたら幸いです。

　いまは元気なあなたの親も、遅かれ早かれ介護が必要になる日がやってきます。そのときに困らないよう、元気なうちからできることを中心に書きました。また、親がすでに介護サービスなどを利用している方に向けては、状態を悪化させない方法を紹介しています。

　本書では、まず介護が必要な状態になった際に不可欠な公的介護保険制度について3分でわかるように解説します（10ページ参照）。

第1章から第4章は、猫の動作や習性、生活のさまざまな場面について、それが親の生活や介護予防に必要な場合は 見習う 、反対に、見習わないほうがいい場合は 反面教師 とジャッジして、その理由を解説します。紹介する事例はどれも、実際にケアマネジャーとして取り扱った内容をもとにしています。

　 すぐできること として、①親自身がすぐに取り組めること、②子どもから親にすすめること、③親子で一緒に取り組めること、を紹介しました。ぜひ、実践してみてください。

　また、各節の最後には、「ニャンポイントアドバイス」として、猫からのメッセージを紹介しますので、高齢の親と暮らす「うちの子」からの呼びかけとして受け止めてもらえたらと思います。

　第5章では、猫にまつわることわざや慣用句などと、親の生活場面を結びつけて介護のコツを解説します。

　全編を通して、転倒して骨折した人が何人も登場します。それだけ高齢になると転倒リスクが高まるということですので、転倒予防対策はしっかり行なってください。また、読者のみなさんが気になっている「もし、うちの親が認知症になったらどうしよう…」という不安に対し、認知症にならないための方策についても示しました。

　このほか、ケアマネジャーや地域包括支援センターについても触れています。親の老後生活や介護は、子どもだけで担うものではなく、高齢者支援の専門職の力を借りることが重要ですので、専門職に相談できる体制を整えてください。

　では、かわいい「うちの子」をイメージしながら、肩の力を抜いて親の介護の乗り越え方を一緒に考えていきましょう。

田中克典

第1章

にゃんとも面白い猫の動き
～猫から学ぶ高齢者の「動作」～

第**2**章 にゃんとも不思議な猫のクセ
〜猫から学ぶ高齢者にありがちな「特性」〜

第3章 にゃんとも愛しい猫の毎日
～猫から学ぶ高齢者の「日々の生活」～

第4章 にゃんとも活発な猫の世間付き合い
～猫から学ぶ高齢者の「社会生活」～

カバーデザイン／沢田幸平
イラスト／坂木浩子
本文デザイン・DTP／一企画

介護保険制度の全体像と利用方法

加入者

- 40歳以上の医療保険加入者（強制加入）

  ➡️64歳まで、保険料はほぼ掛け捨て

利用できる人

- 65歳以上の人（第1号被保険者）

  ➡️疾病に関係なく利用できるが、12ページ図の手続きが必要

- 40歳以上で16の特定疾病※の対象者（第2号被保険者）

  ➡️特定疾病になって初めて利用が可能

> ※：①末期がん、②関節リウマチ、③筋萎縮性側索硬化症、④後縦靱帯骨化症、⑤骨折を伴う骨粗鬆症、⑥初老期における認知症、⑦進行性核上性麻痺・大脳皮質基底核変性症及びパーキンソン病（パーキンソン病関連疾患）、⑧脊髄小脳変性症、⑨脊柱管狭窄症、⑩早老症、⑪多系統萎縮症、⑫糖尿病性神経障害・糖尿病性腎症及び糖尿病性網膜症、⑬脳血管疾患、⑭閉塞性動脈硬化症、⑮慢性閉塞性肺疾患、⑯両側の膝関節又は股関節に著しい変形を伴う変形性関節症

保険料の支払い

- 第1号被保険者…年金からの天引きが基本

  ➡️3年ごとに見直し（ほぼ値上げ）あり

- 第2号被保険者…健康保険料とともに給与から天引きされる。国民健康保険加入者は、医療保険料とともに支払う

  ➡️保険料の支払いは会社と折半で金額は給与明細書で確認できる

利用者負担

- 総額の１割〜３割
  （所得に応じて役所が決定）
  → 現役並みの所得がある人は３割負担、年金生活者の大半は１割負担

◆医療保険と介護保険の比較◆

保険	公的医療保険	公的介護保険
目的	病気やけがの治療にかかる費用の補填	介護にかかる費用の補填
被保険者（保険が給付される対象者）	すべての日本国民	・要支援、要介護の認定を受けた方（原則65歳以上） ・40歳以上65歳未満の特定疾患の方で、要支援・要介護と認定された方
保険料の負担者	すべての日本国民	40歳以上の日本国民

申請方法

① 市区町村窓口等で申請する

　→ 地域包括支援センターでも申請可能（自宅を訪問してくれる）

② 要介護認定のための訪問調査を受ける

　→ 事前に調査項目をチェックし、シミュレーションをしておく

③ 主治医意見書を作成してもらう

　→ 申請書に医師名を記入すれば、役所が主治医に依頼してくれる

④ 認定結果通知が届く

　→ 医療保険が保険証１枚で全国の医療機関に保険適用でかかれるのに対し、介護保険は、申請して要介護認定を受けて初めて介護サービスが利用できる

利用方法

① ケアマネジャーを選ぶ

　→ 口コミや地域包括支援センターで紹介してもらう

② ケアプランの作成を居宅介護支援事業者（ケアマネジャー）に依頼し、その旨を市区町村に届ける

➡届出書を記入してケアマネジャーに渡せば、提出を代行してくれる

③ケアプランを作成してもらう

➡希望する介護サービスの種類と回数をケアマネジャーに伝える

④介護サービス事業所と利用契約をする

➡ケアマネジャーが段取りしてくれる

⑤希望する介護サービスが利用できる

➡保険適用でサービスが利用でき、月額の料金も事前にわかる

◆介護保険サービスを受けるまでの流れ◆

申請	・本人または家族等が各市区町村窓口に申請 ・居宅介護支援事業所や介護保険施設、地域包括支援センター等に代行してもらうことも可能
訪問調査・主治医の意見書	・市区町村の調査員が自宅等を訪問し、心身や生活状況などを調査する ・市区町村からの依頼で、かかりつけ医が心身の状況について意見書を作成する
介護認定審査	・一次判定：訪問調査とかかりつけ医の意見書の結果をもとにコンピュータが判定 ・二次判定：介護認定審査会による審査判定
認定結果通知	・非該当：自立　➡　介護予防・日常生活支援総合事業が利用できる ・要支援認定：要支援1、要支援2 ・要介護認定：要介護1〜要介護5
介護サービス計画（ケアプラン）の作成	・ケアマネジャーが利用者とその家族の希望を聞きながら、一番適切だと思われるケアプランを作成する
サービス開始	・ケアプランに基づいたサービスが利用できる

第1章

にゃんとも面白い猫の動き
～猫から学ぶ高齢者の「動作」～

　猫の身のこなしや、居心地のいい環境を探す
行動などは、高齢期の親の生活に深く関係する
ことが多いです。
　第1章では、猫の動作に焦点をあて、見習う
ことや反面教師にすることについて説明します。

肉球は滑り止めにも役立つ

転倒する前にバリアフリー工事を　反面教師

　獲物に気づかれずに、そーっと近づいたり、高いところから飛び降りる際に衝撃を和らげる役割を持つ肉球ですが、滑り止めにも役立っています。そういえば、猫が路上や家の廊下で滑って転ぶ姿は、見ないですよね。肉球という滑り止め付きの靴を履いているようなものだからです。

　猫は持ち前の運動神経で、機敏な動作をします。毛づくろいをしてリラックスしていたかと思うと、とたんに表情を変えて走り始めるということがあります。これは、野生時代の名残で、物音がすると獲物が近づいたと思うようです。

　猫のこうした機敏な動きを見ていると、高齢期にある人間も、「若いころと変わらないのでは？」と勘違いしてしまい、親はつい無理な動作をしてしまいがちです。

　でも、気をつけてください。高齢になると、室内や屋外で転倒することが確実に増えます。いままで自然に上がっていたつま先が、年を取るとすり足状態になり、2〜3cmの段差につまずいて転倒してしまうのです。

　室内では、廊下と和室の敷居の段差につまずいて転倒することが多いです。じゅうたんやカーペットのめくれ、電源コードなども、つまずきやすいですね。屋外では、歩道と車道の段差などに注意が必要です。また、外出から帰って、玄関ドアを開けたとたん、気持

◆室内の転倒注意ポイント◆

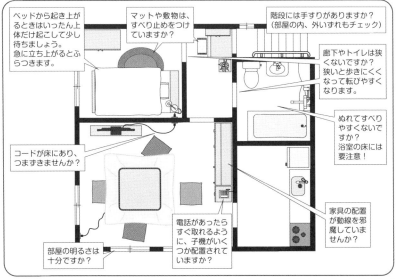

ベッドから起き上がるときはいったん上体だけ起こして少し待ちましょう。急に立ち上がるとふらつきます。

マットや敷物は、すべり止めをつけていますか？

階段には手すりがありますか？（部屋の内、外いずれもチェック）

廊下やトイレは狭くないですか？狭いと歩きにくくなって転びやすくなります。

ぬれてすべりやすくないですか？浴室の床には要注意！

コードが床にあり、つまずきませんか？

家具の配置が動線を邪魔していませんか？

部屋の明るさは十分ですか？

電話があったらすぐ取れるように、子機がいくつか配置されていますか？

出典：聖路加国際大学大学院老年看護学研究室ホームより作成

ちがゆるんで段差でつまずく、ということもよくあります。**気のゆるみが大きな事故につながりますので、猫のしなやかな身のこなしは、高齢者の生活では反面教師にしてください。**

　厚生労働省の「2022（令和4）年　国民生活基礎調査」によると、介護が必要になった原因の1位は「認知症」（16.6％）で、2位の「脳血管疾患（脳卒中など）」（16.1％）に次いで、「骨折・転倒」が13.9％で3位となっています。

　もし、あなたの親がすでに介護保険の認定を受けていたら、ケアマネジャーに相談して、自宅内のバリアフリー点検をしてもらいましょう。家の中で親が利用するトイレや浴室、居間、寝室などを実際に見てもらい、転倒しやすい場所に手すりを設置したり、段差解消のためのスロープを設置します。

介護保険を利用して工事をする場合、事前に役所に申請して承認を受ける必要があります。また、介護保険では認められていない工事もありますので、ケアマネジャーとよく相談してから申請をするようにしてください。介護保険の対象工事は、107ページを参照ください。

　介護保険はまだ申請していないという方は、役所の高齢者担当窓口か、親の住所を担当する地域包括支援センター（包括センター）に相談してください（包括センターの概要は、134ページ参照）。65歳以上であれば介護保険の申請が優先ですが、認定の結果「非該当」になっても、自治体の高齢者施策で介護保険と同様の工事が可能な場合があります。

　気をつけることは、事前に申請して役所の承認を受けてからの工事が対象ということです。ホームセンターなどで手すりを購入して自分で取りつけ、領収書で「これで還付を」というのはNGです。

すぐできること

- ◆介護保険の工事は、事前の申請が必要と理解しよう
- ◆ケアマネジャーにバリアフリー点検を依頼しよう
- ◆室内外での転倒を予防しよう

マネしないでね!

ニャンポイントアドバイス

ボクたちは、生まれつき運動神経がいいから、高いところに飛び移るのだってへっちゃらだよ。たまに失敗すると、飼い主さんがYouTubeに動画を上げるけどね…。飼い主さんが、けがしたら悲しいから、くれぐれも無理はしないよう、子どものあなたからも助言してほしいニャー。

02 猫パンチは筋トレの賜物

高齢者の筋トレはとても大切です　見習う

　猫をなでなでしていると、いきなり猫パンチを受けることがあります。飼い猫の場合、爪を出して飼い主に攻撃してくることはないですが、多くの場合、「かまってほしい」という気持ちの表れだと言われています。

　一方、猫同士のケンカなど攻撃を目的とした猫パンチは、ある調査によると秒速22mで、これは一般的なボクサーの2倍の速さだそうです。猫がケンカに勝つためにジムに通っているという話は聞いたことがありませんが、野生動物の本能として強烈なパンチ力を持っているのですね。

　人間は高齢になったときに対策を怠ると、全身の筋力が低下し、特に足腰が弱くなることを多くの高齢者が実感します。階段の昇り降り、上り坂、重い荷物を持ちながらの移動などの場面で、体力の低下を感じるようです。

　あなたの親が、「最近、重いものを持つのがつらくて…」などと嘆いているようであれば、パンチ力をつける必要はありませんが、**猫のパンチ力を見習って筋トレや介護予防体操をすすめましょう。**

　ジムやフィットネスクラブに入会するのも、ひとつの方法ですが、これらに入会しないと筋トレができない、ということはありません。

　最も手軽でポピュラーな運動と言えば、ラジオ体操です。

ラジオ体操は、1929年（昭和4年）からNHKラジオで全国放送が始まりました。現在の「ラジオ体操第1」が制定されたのは、戦後の1951年（昭和26年）です。いまでも、全国各地の自治会や自主グループなどが公園などで朝6時30分からの放送に合わせて行なっています。夏休みは子どもたちも参加するので、にぎやかです。

　公園に行かなくても、朝の6時30分にラジオをつければすぐにできるので、ぜひ親にすすめましょう。最近は、パソコンやスマホでも無料アプリ「ラジコ」で聞くことができるので便利です。NHKやEテレで、「テレビ体操」も放送されていますので、そちらを見ながら体操をするのもよいでしょう。

　親が介護保険の要介護（要支援）認定を受けていれば、リハビリや筋トレに特化したデイサービスに通うことをおすすめします。

　介護保険の認定を受けていない人は、役所に連絡し、「高齢者が参加できる体操教室などがあれば教えてほしい」と言えば、親が住む地区を担当する包括センターを紹介してくれます。包括センターは、自治体が設置した高齢者の総合相談窓口で、ここに問い合わせれば、お住まいの地域で介護予防体操を行なっている会場を紹介してもらえます。

　また、要介護認定を受けていなくても、25項目の基本チェックリスト（次ページ参照）で生活機能に低下が認められれば、特定高齢者として市区町村の「介護予防・日常生活支援総合事業」で通所型サービスが利用できます。

すぐできること

◆適切な運動で筋肉をつけよう

◆運動する場所を紹介してもらおう

◆地域包括支援センターを活用しよう

見習ってね！

ニャンポイントアドバイス

ボクたちは、昼寝から起きたら背中を思いっきり伸ばしてストレッチしているよ。飼い主さんには、いつまでも健康でいてもらいたいから、運動を習慣にするようにしてほしいニャー！
一度、飼い主さんと一緒にラジオ体操をやってみたら？　親の体の動きがわかるし、自分自身の運動にもなるから一石二鳥だよ！

◆基本チェックリスト◆

No.	質問項目	回答 (いずれかに○を お付け下さい)	
1	バスや電車で1人で外出していますか	0. はい	1. いいえ
2	日用品の買い物をしていますか	0. はい	1. いいえ
3	預貯金の出し入れをしていますか	0. はい	1. いいえ
4	友人の家を訪ねていますか	0. はい	1. いいえ
5	家族や友人の相談にのっていますか	0. はい	1. いいえ
6	階段を手すりや壁をつたわらずに昇っていますか	0. はい	1. いいえ
7	イスに座った状態から何もつかまらずに立ち上がっていますか	0. はい	1. いいえ
8	15分くらい続けて歩いていますか	0. はい	1. いいえ
9	この1年間に転んだことがありますか	1. はい	0. いいえ
10	転倒に対する不安は大きいですか	1. はい	0. いいえ
11	6か月間で2～3kg以上の体重減少がありましたか	1. はい	0. いいえ
12	身長　　　cm　　体重　　　kg（BMI＝　　）（注）		
13	半年前に比べて固いものが食べにくくなりましたか	1. はい	0. いいえ
14	お茶や汁物等でむせることがありますか	1. はい	0. いいえ
15	口の渇きが気になりますか	1. はい	0. いいえ
16	週に1回以上は外出していますか	0. はい	1. いいえ
17	昨年と比べて外出の回数が減っていますか	1. はい	0. いいえ
18	周りの人から「いつも同じことを聞く」などの物忘れがあると言われますか	1. はい	0. いいえ
19	自分で電話番号を調べて、電話をかけることをしていますか	0. はい	1. いいえ
20	今日が何月何日かわからないときがありますか	1. はい	0. いいえ
21	(ここ2週間) 毎日の生活に充実感がない	1. はい	0. いいえ
22	(ここ2週間) これまで楽しんでやれていたことが楽しめなくなった	1. はい	0. いいえ
23	(ここ2週間) 以前は楽にできていたことが、いまではおっくうに感じられる	1. はい	0. いいえ
24	(ここ2週間) 自分が役に立つ人間だと思えない	1. はい	0. いいえ
25	(ここ2週間) わけもなく疲れたような感じがする	1. はい	0. いいえ

- 6～10　運動
- 11、12　栄養
- 13～15　口腔
- 16、17　閉じこもり
- 18～20　認知症
- 21～25　うつ

(注) BMI（＝体重（kg）÷身長（m）÷身長（m））が18.5未満の場合に該当とする。

基本チェックリストによる判定は、以下の基準で行なわれれる。
- ・1～20までの20項目のうち10項目以上に該当→複数の項目に支障あり
- ・6～10までの5項目のうち3項目以上に該当→運動機能の低下
- ・11、12の2項目のすべてに該当→低栄養状態
- ・13～15までの3項目のうち2項目以上に該当→口腔機能の低下
- ・16に該当。17にも該当する場合は特に注意→閉じこもり
- ・18～20までの3項目のうちいずれか1項目以上に該当→認知機能の低下
- ・21～25までの5項目のうち2項目以上に該当→うつ病の可能性

出典：厚生労働省「介護予防のための生活機能評価に関するマニュアル」より作成

03 テレビの上に乗る

年中保温に努めましょう　見習う

　昭和中期から後期の時代、ブラウン管テレビが主流でした。奥行きがあり、ブラウン管が適度に熱を持つため、テレビの上は猫にとって格好の昼寝場所でした。ところが、2004年（平成16年）のアテネオリンピックのころから薄型テレビが登場し、普及するにつれ、テレビから猫の居場所がなくなってしまいました。

　最近は、テレワーク中の飼い主さんのパソコンのキーボードに乗って、「遊んでアピール」をしてくるようです。パソコンも熱を発しているので、特に冬は暖かい場所を求めてくるのでしょう。

　猫の祖先はアフリカの「リビアヤマネコ」と言われています。童謡「ゆき」の2番で、「♪猫は炬燵で丸くなる」という歌詞が出てきますが、生息地が砂漠やサバンナだったこともあり、寒さが苦手で、冬はこたつの中が定位置という場合が多いでしょう。**この寒さ対策は、高齢の親にも大いに見習ってもらいましょう。**

　高齢になると、特に女性は冷え性の方が増えてきます。年を取ると筋肉量が低下し、発熱する力も弱り、寒さに対して体温を上げにくくなるため、冷え性になると言われています。

　また、体が冷えると免疫力が下がり、特に空気が乾燥する冬は、インフルエンザやノロウィルスなどの感染症にかかりやすくなります。さらに、血行不良により膝や腰、肩などの関節痛を引き起こし、

健康にも大きな影響を与えます。特に冬場は猫の行動を見習い、体を温めるようにしましょう。

　夜、猫と一緒に寝ることで、「湯たんぽ」ならぬ「猫たんぽ」にする人も少なくありません。猫そのものに保温効果があり、お互いに暖が取れて「ウィンウィン」というわけです。

　また、猫は窓辺やふとんの上など、冬は常に暖かい場所を求めていますので、そこで猫と戯れることで、寒さ対策と癒しが同時に実現できます。

　ちなみに、猫が寒いときは、しっぽを体に巻きつけるように丸めたり、ふとんなどの上に乗ったり、もぐり込んだりします。飼い主の膝に乗ってくるときも、ぬくもりを求めているときと言われています。

　ただ、猫に頼りきりというわけにもいきませんので、セルフケアとして、次の対策も同時に行なうよう親の背中を押しましょう。

▶1．衣服

　寒いとどうしても着込んでしまいがちですが、肌に直接触れる下着を厚手のものにし、できるだけ着込まないようにしましょう。着込んでしまうと、つい体を動かすのが億劫になり、動作がにぶくなってしまいます。

▶2．運動

　体温を上げるためには、下半身の筋肉を鍛えることが効果的です。イスからの立ち座りや、ふとんの上げ下ろし、掃除機かけなども効果的で、家事をしながら運動ができ、一石二鳥です。

▶ 3．食事

　お茶やコーヒーなど、温かい飲み物を飲んだだけでも体温が上がりますので、冬場は温かい食事を心がけましょう。特に冷え性の人には、たんぱく質が多く含まれた食事が効果的です。たんぱく質は体内で熱を生み出し、筋肉の維持につながります。

▶ 4．入浴

　個人差もありますが、40度程度のお湯に15分くらい浸かることで、体内の血流が促進され、温浴効果が高まります。また、温浴効果を高める入浴剤を入れるのもおすすめです。いまはいろいろな種類の入浴剤が売られているので、それを選ぶことで「今日は有馬温泉にしよう」など、入浴の楽しみが増えますね。

すぐできること

◆体を冷やさないように注意しよう

◆着込まず、厚手の下着を用意しよう

◆温かい食事や飲み物を摂ってもらおう

 ニャンポイントアドバイス

ボクは、寒さが苦手。冬は日向ぼっこが好きだから、窓際で遊んでくれるとうれしいニャー。飼い主さんと一緒にぬくぬくして寒さを乗り越えたいから、親にも寒さ対策のアドバイスをしてね！

04 猫背は猫の基本姿勢

肩こりや猫背になる前に予防体操を 反面教師

　寝ているときは背中を丸め、起きているときも前足をツンと伸ばして背中を丸める。

　猫背はその名の通り、猫の基本姿勢です。

　ときどき背筋をピンと伸ばして高いところに前足をかけようとする光景を見ると、猫って「こんなに背が伸びるの？」と驚くことがあります。まさに、脊椎動物の本領発揮といったところでしょうか。

　ちなみに、猫の脊椎は7個の頸椎、13個の胸椎、7個の腰椎、3個の仙椎から成り、全身で244個の骨で形成されていて、人間よりも40個ほど多いそうです。人より多い分のほとんどは、背骨としっぽの骨です。

　また、猫の背骨は骨同士がゆるやかにつながっているため、どの方向にもしなやかに曲げることができます。

　高齢者はどうかというと、個人差はありますが、75歳をすぎると運動不足などにより、姿勢を維持するために必要な筋力、特に腹筋と背筋が低下して、背中が丸くなり、猫背になりやすくなります。これを、「老人性円背」と言います。骨の変形も円背の原因になります。

　円背になると、上体が前に傾くことで肩の筋肉がこわばり、筋肉が偏った方向に引っ張られることで肩こりや腰痛などの症状があらわれます。特に女性は、骨粗鬆症になりやすいため、もろくなった

25

脊椎が変形することで円背になりやすいと言われています。「背中が丸くなったおばあちゃん」というわけです。

円背が進むと、曲がった背中や腰で内臓が圧迫され、内臓や肺の機能が低下します。また、背中が丸くなるので、イスからの立ち上がりや歩行動作にも支障をきたすようになります。体のバランスが悪くなり、転倒しやすくなります。このため、**猫の基本姿勢である猫背は反面教師にし、猫背（老人性円背）にならないようにしましょう**。では、どうすればいいでしょうか？

▶ 1．よい姿勢を保つ

高齢者の円背を予防するには、まず意識してよい姿勢を保つことです。実家に帰ったとき、「お母さん（お父さん）、最近、猫背になってるよ」などと、日頃から親の姿勢に注意を払い、背筋を伸ばすよう声をかけましょう。

▶ 2．適度な運動を取り入れる

次に、「運動」です。円背の予防には、肩や首、腰の周辺の筋肉をほぐし、腹筋や背筋、大腿筋、大胸筋を鍛えることです。

YouTubeなどで効果的な運動方法がたくさん公開されていますので、参考にしてください。

▶ 3．補助具を上手に使う

杖や歩行器など、歩く際に補助具を使うことも大切です。よく「いまから杖ついたら、年寄りっぽくて格好悪い」と敬遠する人がいますが、そんなこと言っている場合ではありません。あなたの親は、すでに十分年寄りなので、少しでも足腰が弱ってきたなと思ったら、迷わず歩行補助具を使うよう説得してください。腰や膝への負担が

減り、転倒防止にも大いに役立ちます。最近は、カラフルでデザイン性に優れた杖や歩行器も販売されています。

▶4．食事で必要な栄養をしっかり摂る

　最後に食事です。乳製品や小魚などに含まれるカルシウム、マグロやサケなどに多く含まれるビタミンD、海藻類や大豆などに含まれるマグネシウムを意識して摂るようすすめてください。

　テレビアニメ「ちびまる子ちゃん」に出てくるまる子のおばあちゃん（さくらこたけ）は、おじいちゃん（さくら友蔵）の陰に隠れて登場回数は少ないものの、存在感を示しています。これは、背筋がピンと伸びていることと無関係ではないかもしれません。
　うちの子が昼寝から起きて背伸びしていたら、あなたの親もマネて、背伸びする習慣をつけるよう、働きかけましょう。

すぐできること

◆姿勢を意識して生活するよう伝えよう

◆日頃から背筋を伸ばす習慣をつけよう

◆猫背になっていないか家族で確認してみよう

マネしないでね！

ニャンポイントアドバイス

ボクたちは獲物を捕まえるために背骨がしなやかで、背中を丸くする習慣があるけど、飼い主さんはマネしないでね。でも、ボクたちを抱いていると、ほっこりして、つい気持ちが丸くなるようだニャー！　ボクと一緒に背伸びするよう親に言ってみてね！

人やモノに「ふみふみ」

マッサージを受けて血行促進　見習う

　猫の「ふみふみ」は、子猫時代に母親のおっぱいを飲むときの名残だと言われています。毛布や飼い主の膝の上で、前足を左右交互に踏む行動は、とても愛らしいですね。愛情を求めているサインなので、しっかり遊んであげてください。

　この「ふみふみ」のしぐさは、人がマッサージを受けているようにも見えますね。ストレス社会を反映して、都市部を中心にマッサージ店が増えています。**猫のふみふみは見習いましょう。**

　高齢者にとっても、マッサージは一定の効果があります。実際にマッサージを受けている方を紹介しましょう。

　門出フミさん（78歳、女性、一人暮らし）は、脳梗塞の後遺症で左半身にマヒがあり、要介護3の認定を受けています。自由に移動することができず、室内では歩行器を使い、外出には車いすが必要です。

　門出さんは週2回、介護保険サービスで通所リハビリに通い、入浴介助やリハビリなどを受けています。通所リハビリのない日は自宅で過ごしますが、ケアマネジャーのすすめで、「訪問マッサージ」を利用することになりました。

　訪問マッサージとは、通院が難しい人を対象に、国家資格の「あん摩マッサージ指圧師」が患者の自宅を訪問して、あん摩、マッサ

ージ、指圧を組み合わせた施術を行なうものです。医師の同意が得られれば、医療保険が使えます。

　門出さんは、「介護保険とは別に医療保険で訪問マッサージを受けられて、助かっています。マヒ側の手や足をマッサージしてもらうと、血行が促されて、関節の動きがよくなって、台所での調理が楽にできますね」と話しています。

　また、要介護5でほぼ寝たきり生活の結構ヨシさん（86歳、女性）は、長女の楽子さんが寝る前のオムツ交換をしています。腕や膝、股関節が以前よりも固くなり、オムツ交換の際に苦戦していました。

　そこでケアマネジャーに相談して、訪問マッサージによる施術を

◆訪問マッサージと訪問リハビリの違い◆

	訪問マッサージ	訪問リハビリ
対象者	寝たきりや歩行困難で通院できない人	要支援・要介護認定者で、デイケア等へ通所できない人
適用される保険	医療保険	介護保険
サービスの提供者	あん摩マッサージ指圧師	理学療法士、言語聴覚士、作業療法士など
サービスの内容	マッサージ ストレッチ 関節運動（関節可動域訓練） 運動療法（筋力強化訓練）	健康管理 評価・関節可動域訓練・筋力強化訓練 歩行・立位・臥位での動作訓練 装具の選定・提案 発声訓練・嚥下訓練
該当する病状や疾患等	筋麻痺、運動障害、筋萎縮などの症状やその原因となる疾患	疾患の種類は問わない
必要な医師作成の書類	同意書（診断書）	指示書

開始しました。施術内容は、腕、肩、膝、股間の各関節部分をマッサージし、伸縮を楽にするものです。週3回、1回30分程度ですが、筋肉や腱がやわらかくなり、効果が見られています。

　楽子さんは、「マッサージを始める前は、特に膝の関節が伸びなくて苦労しましたけど、いまは楽に伸びるので、オムツ交換を楽に行なえるようになりました」と話しています。

本音を言えば、愛猫にふみふみしてもらいたいところですが、猫の手を借りられないときは、専門家にマッサージをお願いしましょう。

訪問マッサージを受ける前に、どんなものか無料で体験利用ができる場合もあります。担当のケアマネジャーや包括センター、地元の医師会などに問い合わせてみてください。

介護保険サービスで「訪問リハビリ」があります。これは、理学療法士や作業療法士、言語聴覚士などの国家資格を持つ療法士が自宅を訪問し、リハビリを実施するものです。

訪問マッサージと訪問リハビリの違いを一覧表にしましたので、前ページを参照ください。

すぐできること

◆訪問マッサージを受けられるか主治医に確認しよう

◆利用したい場合は担当ケアマネジャーに相談しよう

◆無料で体験利用ができる場合もあるので調べてみよう

ニャンポイントアドバイス

飼い主さんのためなら、ふみふみしてあげたいけど、ボクらは気まぐれだから、あまりあてにしないでね。楽子さんは、86歳のお母さんのオムツ交換をしていて大変だけど、よくやっていてすごいよ！　もし、あなたも同じような状況だったら、リフレッシュの機会も大事だから、無理しないで息抜きもしてね！

06

しっぽの動きで感情表現

趣味や運動で豊かな感情表現を　見習う

　野生時代に単独行動をしていた猫は、群れで行動していた犬に比べ、表情が乏しいと言われます。確かに、犬のように喜怒哀楽を表現することはできません。飼い主に撫でられて、目を細めることはしますけどね。

　「そんなことはない、うちの子は表情豊かだ」「会話だってできる」という反論もあると思いますが、ここでは、「猫の表情は乏しい」ということにしてください。

　その分、猫は鳴き声やしっぽで感情を表現します。特にしっぽの動きは、猫の気持ちを正確に表現して、感情が読み取りやすいです。

　うれしいときや、飼い主に甘えたいときなどは、しっぽをピンとまっすぐ立てて、すり寄ってきます。飼い主の膝でくつろいでいるときは、しっぽを丸めて、気持ちよさそうにします。警戒心の強い猫が、すっかりくつろいでいるときです。

　一方、イライラしているときはしっぽを左右に振ります。これは、うれしいときしっぽを振る犬とは反対ですね。さらに、驚いたときや恐怖を感じると、しっぽの毛が逆立ち、太くなります。こうなると、攻撃態勢です。しっぽに限らず全身の毛を逆立てて、体を大きく見せることで、相手を威嚇するのです。

　猫はしっぽの動きや形で喜怒哀楽を豊かに表現します。これは**親の生活でも見習って感情表現をたくさんしてください**。

　人間は進化の過程でしっぽを失ったので、感情表現は主に会話や、

ときにはボディランゲージによります。

　しかし、高齢期になると、外部からの刺激が減るため、喜怒哀楽の感情が鈍くなります。喜怒哀楽のうち、特に喜びや楽しみの場面が減少してきます。老後生活の不安や健康上の心配などが、頭の中を支配するようになるためです。

　「人は感情から衰える」と言われますが、若いころは楽しいと感じられたことも、加齢とともに楽しめなくなります。つい、「もう年だから…」とあきらめてしまうのです。では、どうすれば感情豊かに前向きな老後生活を送れるでしょうか？

▶１．趣味を持つこと

　若いころからの趣味を、年を取ってからも続けている人は、感情表現も豊かです。たとえば、カメラが趣味の人は、風景や人の表情などを撮り続けることで、脳が活性化されています。また、自分が撮った写真の展覧会を開催することで、「いい写真ですね」「撮るのに、どのくらい粘ったんですか？」など、見に来る人と会話や交流が生まれます。

　どんな趣味でも構いません。特に見つからなければ、手ぶらで外に出かけてみましょう。「今日は新しいことを発見する」という目標を持てば、意外と知らなかったことに気づくかもしれませんよ。ウォーキングは、122ページで詳しく紹介しますが、有酸素運動として集中力や記憶力が向上すると言われています。

▶２．人と会話すること

　親が一人暮らしの場合、少なくても１日１回は人と会話するようにすすめてください。電話で家族や友人と話すだけでもいいし、会話が難しければ、ゴミ出しの際に、ご近所の人とあいさつするだけ

でも構いません。たとえ一人暮らしであっても、人と会話すること
で、「自分は一人ではない」という気持ちを持つことができます。
同世代の人と老後の不安をお互いに語り合うことで、「悩んでいる
のは、自分だけではない」と思えるのです。

▶ 3. 適度な運動をすること

　大和ネクスト銀行が実施した「シニアのスポーツと日帰りレジャ
ーに関する調査」によると、全国の60歳から79歳までのシニア世代
のうち、67.4％の人が、日頃からスポーツや運動をしているそうで
す。ちなみに、行なっているスポーツ・運動1位は「ウォーキン
グ」、2位が「ゴルフ」、3位が「ヨガ・ストレッチ」でした。

　このようにスポーツや運動習慣のある人は、脳が活性化されて、
感情豊かに過ごすことができます。一人で行なう運動やスポーツよ
り、集団で行なうスポーツのほうが特に効果的とされていますので、
親にすすめてみてください。

すぐできること

◆ 趣味を見つけて楽しもう

◆ 人との会話を日課にしよう

◆ 運動する習慣をつけよう

ニャンポイントアドバイス

本当は飼い主さんのように言葉を話せればいいんだけど、それができな
いから、ボクたちは鳴き声としっぽで気持ちを表現しているよ。飼い主
さんと一緒に運動できるといいニャー。ボクたちも運動不足になると病
気やけがをしやすくなるから、たくさん遊ぼうね！

07

いきなり噛みついてくる

気持ちはいつも穏やかに 反面教師

　猫のご機嫌を取ろうと、膝に乗せてなでなでして、気持ちよさそうにしているなと思っていたら、いきなり噛みついてくることがありますよね。こちらの意表を突く行動は、愛猫家共通のあるある現象です。

　個体差もあると思いますが、気まぐれなのが猫というものです。まあ、愛猫家のみなさんは、そのあたりも織り込み済みでかわいがっているのだと思いますけどね。

　人間も人それぞれ性格が異なります。怒りやすい人、穏やかな人、話し好きな人、寡黙な人など、いろいろな人がいますが、怒りやすい人や、いつも不満を漏らしている人は、これから先は人に好かれるキャラクターを目指してはいかがでしょうか？

　私はケアマネジャーとしてさまざまなタイプの人とお付き合いをしてきましたが、こちらの提案を頭ごなしに否定したり、何かにつけてクレームを言う人は、老後生活で損をしているように感じていました。

　猫の気まぐれな態度は反面教師にして、あなたの親には人に好かれるキャラクターを目標にしてほしいと思います。

　もともと性格で損をしていたけれども、定年後に料理に目覚めたことで、人との付き合いが変わった人がいます。綱軽ひとりさん（70歳、男性、一人暮らし）です。

　綱軽さんは感情が高ぶりやすい性格で、現役中も上司や同僚とぶつかり、苦い思いをたくさんしてきました。言ってみれば、人に噛みつきやすい性格でした。もともと人間関係が不得意なタイプで、一人でいるのが誰にも気をつかわずに心地いいという性格でもあります。

　定年後は年金生活で、独身で両親はすでに他界し、姉と妹はそれぞれ家庭があるため、疎遠になっていました。気の許せる友人もいません。

　現役時代、会社の健康診断で毎年高血圧を指摘されていましたが、医者嫌いの綱軽さんは、退職後も一向に受診しようとしません。食

生活も乱れ気味で、スーパーやコンビニの総菜や弁当に頼っていました。

　そんな綱軽さんですが、「このまま一人で暮らして、もし自宅で孤独死でもしたら…」と一抹の不安がよぎり、将来に漠然とした不安を抱えていました。

　あるとき、市の広報誌を何気なく見ていたら、「男性のための料理教室」があることを知りました。「料理初心者の方も気軽にご参加ください」とあり、綱軽さんは思い切って電話し、参加を申し込みました。「エプロン持参」と書いてあったので、初めてエプロンを買って参加しました。

　この日のメニューは、豚肉の生姜焼き、ポテトサラダ、豚汁でした。数名の参加者とワイワイしながらの調理実習は、綱軽さんにとって、思いがけず楽しい時間となりました。

　綱軽さんは、持ち帰ったレシピを大事に保管し、これを機に図書館で料理の本を借りるまでになり、ついに料理に目覚めたのです。

　「スーパーの総菜やコンビニの弁当に頼った食生活だったけど、自分で食材を用意し、自分で料理をつくる喜びを知りました」と綱軽さんは話しています。

　その後も「男性のための料理教室」が開催されると毎回参加し、料理のレパートリーを増やしています。最近は、料理教室と同じ会場の公民館で開催されている子ども食堂の運営ボランティアとして活躍しています。

　綱軽さんは、「子ども食堂の活動に参加して、子どもたちやスタッフと笑いながら活動していると、自分は一人ではないことを実感できました。昔の怒りっぽかった性格が、自分でもうそのようです

ね」と話していました。

　あなたの親が、もし以前の綱軽さんのような性格なら、いまから
でも遅くはないので、少なくとも、これからお世話になる医療・介
護スタッフを受け入れられる穏やかな性格を目指してください。そ
のほうが、断然楽しい老後生活を送れるはずです。

　そのためには、現役時代の肩書や役職は忘れて、若いスタッフを
一人の人間として尊重する態度を示すことです。決して「オレが、
こいつを一人前にしてやる」などという態度で接してはいけません。

　長年の性格は一朝一夕には変えられませんが、心がけることはす
ぐにできます。「愛されキャラ」を目指し、身近な人を大切にする
よう、あなたからも説得してください。親の老後生活を支えるうえ
で、いちばん大切なことかもしれません。

すぐできること

◆穏やかな気持ちで過ごそう

◆親には「愛されキャラ」になってもらおう

◆介護という新しい世界と上手につながろう

ニャンポイントアドバイス

必要以上になでなでされると、うざったくなって噛みつくことがあるから、
気をつけてね。「やめて！」のサインだよ。ボクをかわいがってくれる
のと同じくらい、おじいちゃんおばあちゃんも周りの人を大切にするよう、
家族からもお願いしてほしいニャ。

08

おなかを見せる

非日常体験でリラックス 　見習う

　猫はときどき無防備に仰向けに寝ることがありますよね。これを「へそ天」と言います。おなかは猫にとって大事な臓器が詰まったウィークポイント。ここを飼い主に見せることは、「完全降伏状態」で、猫からすれば「ワタシを好きなようにして…」というサインで、身も心も飼い主にゆだねている状態です。

　このような場面に出くわすと、飼い主としても「完全幸福状態」ですよね。思わず、やわらかいおなかをなでなでして、癒しの境地に入ってしまいます。

　こんなに背筋を伸ばすと、猫背が治ってしまうのではと、かえって心配になりますが、大丈夫。25ページで紹介したように、人間より多い数の脊椎で、しなやかに背骨をくねらせますので、猫背が治ることはなく、目が覚めれば基本姿勢に戻ります。その前に、思いっきり大きな伸びをしますけどね。

　ここで猫に見習いたいことは、「身も心もリラックスする機会を持つ」ということです。

　人間は75歳くらいを過ぎると、生活上のさまざまな不安や心配事にさいなまれることが増えてきます。老後の生活費、健康への不安、自分や配偶者の介護問題、子どもの世話にはなりたくない、認知症になったらどうしよう…などと不安や心配事のオンパレードです。いま何も心配事がないという人も、いつまでこの状態が続くのだろ

ハナちゃん
大胆ねぇ…

のび〜

うかと気になるものです。

そんな高齢期だからこそ、一時でも不安や心配を忘れて、思いっきりリラックスする時間が必要なのです。

たとえば、友人とおしゃべりするとか、おいしいものを食べに行く、また、旅行などもいい気分転換ができ、リラックスできるのではないでしょうか？　温泉旅館の大浴場にゆっくり浸かれば、非日常感が味わえ、若返った気持ちにもなるでしょう。たまには猫の日常を見習って、まったり過ごすことも大事です。

泊りがけが無理なら、日帰り旅行でも十分楽しめます。当日まで行先のわからない「ミステリーツアー」に参加するのもいいでしょう。一体どこに行く旅行なのか、当日の朝までわからないというのも、ワクワクが持続していいですね。

こうした非日常体験を実践している人がいます。泊たびよさん（80歳、女性）です。

泊さんは、気心の知れた友人との旅行を趣味にしています。行先は主に国内ですが、旅行会社のパックツアーに参加するのではなく、目的地や観光地、食事場所などを、友人と相談して決めます。往復の交通手段とホテルのみ旅行会社に頼み、あとは行った先で電車やバス、タクシーを利用して移動します。

パソコンで旅程表をつくるのは、泊さんの役割。旅程が決まったら事前に打ち合わせ会を開き、食事をしながら参加者に行先や観光名所を説明します。参加者は、「たびよさんはマメだから、毎回すっかりお任せしています」と話しています。

泊さんは、「昔からよく自分で旅行を企画してきました。年を取ってからは、欲張ってたくさんの観光地をまわるより、ひとつの場

所でゆっくり時間を過ごすことを心がけています。それに、みなさんに喜んでもらうことが何よりのご褒美ですね」と話しています。

　旅行が終わると、「次はどこに行く？」と仲間内で話し合います。「また旅？」と思われても、やはり元気なうちは続けたいそうです。そういえば、猫の好物も「マタタビ」でしたね。

　親が年老いて、最初にあきらめがちなのが旅行。「体力に自信がない」「トイレが近い」「旅先で具合が悪くなったら迷惑をかける」などが主な理由です。最近は、バリアフリーの温泉旅館も増えていますので、親の心配をひとつずつ解決しながら、家族旅行などの非日常体験で親のリラックスタイムを実現させてください。

すぐできること

◆ 1日1回は楽しいことを考えよう

◆ 老後の不安を忘れる非日常体験をすすめよう

◆ 親を旅行に誘ってみよう

見習ってね！

ニャンポイントアドバイス

ワタシたちは旅することはないけど、「マタタビ」の匂いは好きよ。ニャンちゃって。「いつも寝てばかりでリラックスしていて、いいなあ」って、飼い主さんにうらやましがられるけど、ワタシは旅行に行ける飼い主さんがうらやましい！　今度、ワタシも一緒に泊まれる宿に連れて行ってほしいニャー。

09 動作が俊敏で極端

あわてないことが大事 反面教師

　昼寝をしていると思ったら、物音に反応して、いきなり起きて走り出す…これは、猫の動作のあるあるですね。カリカリの食事中でも、物音がするとそちらに気を取られ、カリカリを放り出してダッシュすることもあります。俊敏で極端な動作を得意とするのが、猫という動物です。

　こうした**俊敏な動作や猫の極端な反応は、高齢者の生活においては、マネしないで反面教師にしましょう。**

　たとえば、長い時間座っているときなどに、電話や玄関チャイムが鳴って、すぐに出なければとあわてて立とうとすると、ぎっくり腰になる可能性があります。特に高齢者は、「相手を待たせては申し訳ない」という心理が先に立ちます。ですが、あわてるとケガをしやすいので、落ち着いて行動するよう促してください。

　電話や玄関チャイムは突然鳴るものなので、鳴っても急いで出る必要はありません。電話は出なければ切れますし、玄関のインターホンも出なければ留守だと判断されます。

　対策としては、固定電話は解約して、スマートフォン（スマホ）を持つことをおすすめします。最近のシニア向けスマホには、迷惑電話防止機能や特殊詐欺の対策機能が付いているものもあり、安心です。操作も意外と簡単にできるようになっています。

　玄関チャイムは、できればモニター付きのインターホンにして、

誰が来たのかをモニターで確認し、知らない人や怪しい人とは会話しないことです。知っている人なら、「ちょっと待っててね」と言って、ゆっくり出れば事足ります。

　猫は窓辺で外部からの侵入者がいないか見守ってくれていますが、電話による不審者や訪問者は、高齢者自身でブロックしなくてはな

45

りません。とにかく、あわてて行動をしないことです。

　逆に言うと、高齢者を心理的にあわてさせて、冷静な判断を鈍らせるのが、オレオレ詐欺の手口です。

　かわいい孫から、「会社の金を横領したことがバレて、いますぐ300万円用意しないと逮捕される」「交通事故を起こしてしまい、相手から示談金を請求され、すぐに100万円必要。おばあちゃん助けて！」などと言われると、つい冷静な判断力を失い、「それは大変！お金で解決できるなら私が何とか力になりたい」という心理が働き、詐欺に遭ってしまうのです。特殊詐欺の対策については、82ページを参照ください。

　最近は、見守りカメラや窓用防犯フィルム、サーチライトなどさまざまな防犯ツールが発売されていますので、親があわてて行動しなくて済むよう、実家を訪れた際に対策を検討してみてください。

すぐできること

◆ 何事にもあわてないように対策しよう

◆ 固定電話はスマホに代えよう

◆ 特殊詐欺に気をつけよう

マネしないでね！

ニャンポイントアドバイス

ボクたちは物音に敏感だから、たとえ昼寝しているときでも、食事中でも、すぐに飛び出せるよ。警察や消防の人と同じくらい俊敏なんだ！　電話や玄関の音が鳴ると、ボクたちはびっくりしてあわててしまうよ。飼い主さんもあわててしまうみたいだから、持ち運べるスマホやインターホンの子機を使うのがおすすめだよ。

10 障害物をまたぐ

しっかり足を動かして転倒事故を防ごう　見習う

　家の中を悠々と歩き、敷居はしれっとまたぎ、玄関の段差はしなやかな足取りで昇り降りする…4本の足を巧みに使って移動している猫の姿は、足腰が衰えてきた中高年からすると、うらやましい限りです。

　猫が敷居につまずいてケガをしたという話は聞いたことがありません。何気なく歩いているようでも、障害物をしっかりまたいでいるのです。

　中高年のみなさんは、この猫の「またぎ動作」を、しっかり見習ってください。15ページでも紹介したとおり、転倒して骨折することは、何としても避けなければなりません。

　転倒し骨折すると、骨折した部位や症状、その後の経過にもよりますが、入院・手術、転院、介護施設への入所など、親の生活が一変します。本人もつらいですが、家族も入退院の手続き、入院中の面会、医師の病状説明、転院や介護施設への入所手続きなど、日常生活に大きな影響を受けます。精神的負担に加え、医療費や介護費、交通費など、経済的負担も大きくのしかかってきます。

　転倒事故は、高齢者本人が気をつけ、住環境を整えるなど安全対策を行なうことで、ある程度防ぐことができます。

　では、具体的にどうすれば転倒事故を防ぐことができるのでしょうか？　原因と対策を考えてみます。

厚生労働省の「令和4年（2022年）人口動態統計」によると、高齢者が不慮の事故で亡くなる原因で最も多いのが「転倒・転落・墜落」で、その数は、9,509人。これは、交通事故の死者数の4倍以上です。

　原因は、①筋力の衰え、②平衡感覚の低下、③視力や視認性の低下、④病気や薬の副作用によるふらつき、などがあげられます。

　①の「筋力の衰え」や、②の「平衡感覚（バランス感覚）の低下」は、介護予防体操や運動型デイサービスでの機能訓練で、ある程度の向上が期待できます。鍛えたからといって転倒しないとは限りませんが、バランス感覚を養っていれば、もしつまずいても転倒や骨折を避けることができるかもしれません。つまり、打撲などの軽症で済むということです。

　③の「視力や視認性の低下」は、視力に合った眼鏡をかけることや、白内障であれば早めに手術で治療することで対策します。特に夜間は暗く転倒リスクが高いので、トイレの際は、必ず寝室や廊下の電気をつけるようにしましょう。

　④の「病気や薬の副作用によるふらつき」への対策も重要です。手指の震えや筋肉のこわばりなどの症状が出るパーキンソン病は、転倒しやすいので特に注意が必要です。薬の副作用によるふらつきも、看過できません。少しでもふらつきなどの症状があるようなら、主治医や薬剤師に相談しましょう。人感センサー付きの足元灯を設置するのもおすすめです。

　ここで、手すりの設置が少し間に合わなかったことで、車いす生活になってしまった人を紹介します。

　又出徹さん（93歳、男性、要介護2）は、2世帯住宅の1階に自分の部屋がありますが、ダイニング（食卓）は2階にあり、長男夫

婦と一緒です。食事のたびに1階と2階を往復していました。「いい運動になってますよ」と又出さんは苦にしていません。階段の壁には手すりを設置していましたが、階段の踊り場部分だけは手すりがありませんでした。

　ある日、この踊り場で転倒してしまい、左足の大腿骨頸部（足の付け根の骨）を骨折してしまったのです。入院先の病院では手術をすすめられましたが、家族は「この年になって痛い思いをさせるのはかわいそう」と又出さんとも話し、保存療法を望みました。保存療法とは、手術をせずに自然に骨がつくのを待つことです。

又出さんは退院後、リハビリ目的で介護老人保健施設に入所し、認定の見直しで要介護4になりました。一人で歩くことはできませんが、介助を受け、車いすに乗り移れるまでに回復しました。

　実は又出さん宅は、階段の踊り場の壁側に手すりを設置する予定にしていて、工事日も決まっていました。又出さんの息子さんは、「もう少し早く手すりを付けていれば、転倒していなかったかもと悔やまれます。父には、バリアフリーの介護施設で長生きしてほしいです」と話していました。

　なお、すぐに工事ができない場合は、ケアマネジャーや包括センターの担当者に相談して、置き型の手すりを仮置きしてもらいましょう。

すぐできること

◆敷居や段差をしっかりまたぐ習慣をつけよう

◆危険な箇所にはすぐに手すりやスロープを付けよう

◆工事が終わるまでは、置き型の手すりを借りよう

見習ってね！

ニャンポイントアドバイス

ボクたちは、敷居や障害物を軽々またげるよ。4本足だから、またぐのはお手の物。よく飼い主さんがこたつ近くに、新聞やチラシを置きっぱなしにしているけど、滑って転んだりすると危ないから片づけるように言ってね。あと、こたつの電源コードも、飼い主さんが通るところは避けるよう、あなたからもお願いしてね！

第 **2** 章

にゃんとも不思議な猫のクセ
～猫から学ぶ高齢者にありがちな「特性」～

　第2章では、猫の習性を観察します。きれい好きなところや、飼い主への愛情表現、警戒心の強さなどは見習い、反対に、高いところを好んだりすることは転倒リスクが高まりますので反面教師にします。猫の習性を思い浮かべながら、親の生活に役立てましょう。

とってもきれい好き

身だしなみはいくつになっても大切に　見習う

　砂漠出身の猫は入浴する習慣がないので、毛づくろいで自分の体をきれいにします。また、舌のざらざらで体毛の汚れを取って清潔にしたり、なめた唾液の気化熱で体温調節をしているという説もあります。**高齢な親にも、猫のきれい好きを見習ってもらい、身だしなみを整えるよう促しましょう。**

　そのためには、まず外出の機会を持つこと。外出する際は、女性であれば軽く化粧をしたり、洋服にも気をつかったりしますよね。男性なら、ひげを剃り、髪の毛を整えて、衣服も小ぎれいにします。

　このように身だしなみに気を配ると、家にいるときと異なる非日常感を味わうことで脳が活性化され、老け込まないことにつながります。

　若い女性は、外出時に化粧をするのが一般的です。少しでもきれいに見せようとするおしゃれ心が、時間や手間に勝るからです。しかし、年を取ると顔のしわやシミは仕方ないものとあきらめてしまいます。このあきらめが、さらに老け込むことにつながるのです。

　最近は、高齢者施設で「化粧療法（メイクセラピー）」なるものが実施されています。化粧品メーカーの美容部員が施設に出張し、スキンケアやメイクの仕方を指導するものです。化粧をすると、視覚や聴覚、嗅覚、触覚などを刺激し、脳の血流がよくなることが報告されています。認知機能の低下を防ぐ効果も期待されていますの

ペロペロ

で、猫の毛づくろいを見習い、自分の親にも身ぎれいでいてもらいましょう。

　得意なメイクを活かして社会貢献している人がいます。見出奈美さん（83歳、女性、一人暮らし）です。「女性は、いくつになってもお化粧するものよ」が見出さんの口癖です。

　見出さんは自分のメイク好きを活かし、化粧ボランティアの活動をしています。前述のメイクセラピーの担い手は、最近では化粧品メーカーの美容部員だけでなく、一般の人にも広がっています。

　見出さんは、NPO法人シニアメイクセラピー協会が開催する全6回の「シニアメイクセラピスト養成講座」を受講しました。この講座は、基本的なメイク方法に加え、心理療法（回想法）やアロマ

オイルを使用したハンドアロマトリートメントなども学習します。

　見出さんは、この講座を修了した人たちと、デイサービス施設などを訪問し、高齢者にメイクセラピーを実践しています。

　「いままでは、メイクを自分自身だけのこととしてやってきましたが、人様にメイクをしてあげて、『10歳も若返った気になったよ』『今度は、いつ来てくれるの？』などと喜んでいただくと、こちらもうれしくなって、『やってよかった』という気になり、私自身の若返りにつながっています。この年になっても、人の役に立てることがあるのですね」と明るく話しています。

　あなたの親も、得意なことを活かして何か活動を始めることで、社会貢献や新たな生きがいづくりになるかもしれません。さりげなく「お母さん（お父さん）の得意なことって何？」と聞いてみましょう。

すぐできること

◆ 親の身だしなみに注意を払おう

◆ 社会貢献で若返りを図ろう

◆ 親の得意なことを聞いてみよう

見習ってね！

ニャンポイントアドバイス

ボクらは暇さえあれば、毛づくろいをしているよ。まあ、暇を持て余しているからね。見出さんは、お化粧好きが高じて化粧ボランティアになったけど、社会貢献活動を続けている人は認知症になりにくいって言われているから、あなたの親にも得意なことを活かして生きがいを持ってほしいニャ！

02 爪とぎも大事な身だしなみ

足の爪切りは早めに対応を 見習う

　手や足の爪は、生きている限り誰でも伸びます。爪は皮膚の一部が変化して固くなったもので、人間の場合、10日で約1mm伸びると言われています。

　伸びたままにしておくと、つまずいた拍子に剥がれたり、けがをしたりする場合があるので、伸びたら切るのが常識ですよね。

　しかし、高齢になると、爪が伸びていることに注意が向かなくなります。特に足の爪は切らないでいると巻き爪になり、その後の爪切りが大変になるので、伸びすぎないうちに適宜切って清潔にしましょう。**猫も、毛づくろいが済んだら爪とぎをします。猫を見習って、親の爪切りにも関心を向けましょう。**

　なお、自分で爪を切ることが難しくなった場合は、誰かに頼んで切ってもらう必要があります。特に足の爪切りは、腰や膝を曲げることになるため、高齢になると自分で切れなくなる人が増えてきます。この場合、入浴後は爪がやわらかくなり切りやすいので、介護保険のデイサービスの風呂上がりに、看護師や介護スタッフに切ってもらう人が多いようです。

　介護保険の訪問介護でも、普通の爪であれば介護ヘルパーに頼んで切ってもらうことができます。しかし、巻き爪や爪の周囲に炎症を起こしている場合などは、介護ヘルパーは切ることができません。このようなときは、訪問看護を利用していれば看護師、利用してい

ない場合は、かかりつけのクリニックの看護師や、皮膚科などを受診して切ってもらいましょう。

　昭和の時代、猫は家の柱や障子の桟などで爪をとぎ、飼い主に叱られていました。最近は、爪とぎ用の便利グッズもたくさん出ているので、猫も安心して爪とぎができます。それでも、気まぐれな猫はソファーなどで爪とぎをすることがあり、マナー違反は日常茶飯事ですね。

外で暮らしていた時代は、木登りや獲物を捕まえるなどして、自然と爪が伸びるのを防いできました。しかし、家飼いの時代になると、木登りなどの機会がないため、飼い主が定期的に切る必要があります。だいたい月2回くらいを目安に爪切りしている人が多いので、猫の爪切りの際は、「お母さん（お父さん）、爪伸びてない？」など親の爪切りにも気を配るようにしましょう。

また、手の爪はすぐ確認できますが、足の爪はなかなか確認できません。このため親に靴下を脱いでもらい、特に親指が巻き爪になっていないかよく確認する必要があります。手が届かないために、切れずにそのまま伸び放題になっていることもよくありますので、できればその場で切ってあげましょう。もし切れない場合は、前述したように皮膚科などを受診して医師や看護師に切ってもらいます。

すぐできること

◆親の爪が伸びていないか注意しよう

◆飼い猫の爪切りのときに、親の爪も切るようにしよう

◆特に足の爪は月2回ほどチェックしよう

見習ってね！

ニャンポイントアドバイス

飼い主さんが、いろんな爪とぎグッズを用意してくれるけど、ついソファーや柱で爪とぎしてしまうんだよね。つまずいて爪がはがれると痛いよ！　親の足の爪は意外と忘れがちだから、気にかけてあげてね。爪を切ってあげることで、スキンシップにもなるよ。

57

03 高いところが好き

高齢者に踏み台は禁物です 反面教師

　猫は運動神経がよく、木の登り降りも上手です。走るのも速く、持久力はありませんが、時速50kmで疾走し、100mを7.2秒で走り抜けます。これは野生時代に獲物を速く仕留めるために発達した能力です。

　ジャンプ力も並外れていて、高い塀などもひとっ飛びで登ったりします。YouTubeで猫のジャンプ力を実証している動画がありますが、体長の約5倍、つまり1.5〜2mほどの高さまでジャンプすることができます。

　警戒心の強い猫は、高いところにいるほうが安心できるようです。外飼いの猫は、家の周囲を散歩する際、ブロック塀の上を悠々と歩いています。

　室内飼いの猫も、冷蔵庫や家具の上が大好きです。高いところを好むのは、敵や獲物を素早く見つけるために培われた本能と言われています。高い場所がない場合は、キャットタワーで高い場所をつくってあげると、ストレスや運動不足の解消になるでしょう。

　「転ばぬ先の杖」ということわざがあります。「転んでけがをする前に、杖を使って体を支えれば、転ぶことを避けられる」という意味です。14ページでも説明したとおり、高齢期は転倒のリスクが格段に高まりますので、このことわざが大きな教訓になります。

毎日の生活で、高いところのものを取ろうとして踏み台を使うことがよくあります。たとえば、切れた電球を交換するときや、押し入れの天袋にしまったものを取り出すときなどです。

　しかし、この踏み台は高齢者にとっては禁物です。どんなにしっかりした踏み台でも、踏み台に立つという動作が、不安定で転倒を招きます。**猫が高いところに楽々と登る動作は、反面教師にしてください。**

　踏み台で苦い経験をした方を紹介します。
　咲野ツエさん（84歳、女性、要介護１）は、足腰を維持するために、１日１時間の散歩を日課にしています。「人は足から衰えるっていうでしょ？　だから私なりに鍛えているの」と、毎朝６時に起きて、自宅周辺の景色を楽しみながらウォーキングしています。

　ところがある日、天袋に入れた毛布を取り出そうと踏み台に昇り、少しバランスを崩したと思ったら転落。右足の大腿骨頸部（足の付け根部分）と右上腕骨を骨折し、全治３か月の重症を負ってしまったのです。

　咲野さんは、「踏み台は絶対使ってはだめ。あのとき、誰かに頼んでいたら…と悔いが残ります」と話しています。高いところにあるものを取るときは、一人で無理しようとせずに家族や知人に頼むよう、高齢の親に伝えてください。「このくらいなら大丈夫」という過信が、事故を招くのです。

　高齢者の一人暮らしでは、咲野さんのような天袋のものの出し入れや電球の交換、家具の移動、ゴミ出し、重いものの買い物、庭の草むしりなど、毎日の生活でちょっとした困りごとがあります。
　誰かに頼むほどではないと思い、つい自分一人で無理をしてしま

いがちです。いままで普通に自分でやってきたので、今度も事故なくできるだろうと過信して、頑張りすぎてしまうのです。無理をした結果、咲野さんのように転落事故を起こしてしまうケースが相次いでいます。

　家族が遠方に住んでいたり、知人には頼みにくいというときは、自治体や社会福祉協議会、NPO法人などが行なっている「住民同士の支え合い活動」などを利用しましょう。中には、地元の自治会や集合住宅で行なっているところもあります。
　費用は、運営事業者により異なりますが、1回数百円程度が多いようです。有料であることで、気兼ねなく頼めるというメリットがあります。
　利用を希望する場合は、ケアマネジャーか役所の高齢者担当窓口にお問い合わせください。

すぐできること

◆ 踏み台を使うのはやめよう
◆ 親の困りごとを知って対処しよう
◆ 地元の助け合いサービスを利用しよう

マネしないでね！

ニャンポイントアドバイス

ワタシたちは、高いところが好きだからつい登ってしまうけど、飼い主さんが高いところに昇るのは危険だよ。くれぐれも踏み台やはしご、脚立は使わないよう、家族からも注意してね！　もし落ちてしまったときは「大丈夫」なんて決めつけずに、必ず病院で診てもらってね！

04 狭いところが好き

親の指定席を確保しよう　見習う

　猫は狩猟時代、敵から身を守るため、岩陰など暗くて狭いところを居場所にしていました。この名残で、小さな箱や家具の隙間に好んで入ろうとします。紙袋やカゴなどにもよく入りますよね。体がすっぽり入ることで身の安全が確保でき、居心地がいいのです。

　「ごきぶりホイホイ」を発売したアース製薬のグループ会社「アース・ペット」が、「ごきぶりホイホイ」の猫版として、「ねこモテホイホイ」を発売しました。猫の「狭いところに入りたい」という習性を利用した箱型のおもちゃで、出入り口のほか、両サイドにも猫がギリギリ通れるくらいの窓を設置。外からちょっかいを出しやすい構造になっているため、ほかの猫と一緒に遊んだり、窓から猫じゃらしなどをチラつかせて、一緒に遊んであげることもできます（アース・ペット公式ホームページより）。

　高齢期の親にも、こうした猫の習性を見習って居心地のいい場所が必要です。押し入れやクローゼットなどの狭い空間ということではなく、たとえば自宅の居間では、「ここはお父さんのイス」などと席が決まっていますよね。これと同じで、親がデイサービスに通っていれば、通い先の施設で指定席を用意してもらうのです。大規模な施設では、人数やトイレへの移動などの都合で難しい場合もあると思いますが、毎回できるだけ決まった席に座れるように施設側にお願いしてみましょう。小規模の施設なら、指定席が可能なとこ

ろも多いはずです。

　毎回利用するたびに自分の席に座ることで、自分の居場所を確認し、居心地のよさを実感することができます。ただ、同じテーブルの人との相性もありますので、居心地が悪いと感じるようになったら、スタッフに相談して変えてもらってください。

　また、公民館での趣味活動やサークル活動などでも、自分の指定席を確保するよう親にすすめましょう。

　安心できる自分だけのスペース。家の中以外でも、自分だけのスペースや指定席を確保するよう親に提案しましょう。

　もし、「家の中にも居場所がない」と親が嘆いている場合は、深刻な問題なので、家族会議を開いて、よく話し合ってくださいね。

すぐできること

- ◆自宅以外でも親の居場所をつくってあげよう
- ◆パーソナルスペースを維持してあげよう
- ◆親の自分だけの指定席を確保してあげよう

見習ってね！

ニャンポイントアドバイス

狭いところがあると、ワタシたちはつい入りたくなってしまうの。体がすっぽり入ると落ち着くのよね。「かご猫」や「猫鍋」が流行して、いまやすっかり定番ね。人間も群れで生きてきた名残から、「定位置を決めて落ち着きたい」と自然に体が反応するみたい。あなたが、家や学校、会社で自分の席に着くと落ち着くように、親の指定席を家以外でも用意してあげてね。

いたずらしても反省しない

親の万引き、もしかして認知症？　反面教師

「猫は気まぐれで自己中心的」というのは、飼い主の共感あるあるですね。「それがまたかわいい」という人も多いと思います。

猫が柱で爪とぎを始めると、「こらっ！」と頭のひとつもたたきたくなります。猫は頭をたたかれると、目を細めて耳を閉じ、いかにも「悪いことをしてごめんなさい」といった仕草を見せますが、実は反省していません。

猫の知能は、人間で言うと2〜3歳程度と言われています。幼児はいたずらをしてお母さんから叱られれば、「ごめんなさい、もうしません」と学習します。しかし、猫はいたずらしても、反省して行動を改めることはできないのです。

こんなうちの子の反省を促す「反省猫」が、SNSでたくさん見られます。「ボクは、花瓶を倒しました」「ソファーで爪とぎをしました」などと書かれた札を首から下げられるのですが、効果がないことは飼い主さんが一番よく知っていますよね。

猫の世界なら反省しなくても飼い主さんが許してくれますが、人間社会では、そうはいきません。ここは、反面教師にしてください。

寄鳥緑さん（80歳、女性、一人暮らし）は、スーパーで万引きをして、警備員につかまってしまいました。寄鳥さんは一人暮らしで、年金生活です。10年前に亡くなった夫の遺族年金で生活をやりくりしていました。長女が隣町に住んでいますが、疎遠状態です。

寄鳥さんは、いつも利用するスーパーで、ふとした瞬間に、焼きそばのパックと、きゅうりの漬物を自分のバッグに入れて、そのまま店を出ようとしたのです。あまりにも堂々としていたので、見つけた警備員もあっけにとられましたが、すぐに店長に通報し、店のバックヤードに連れて行かれました。

店長から連絡を受けてかけつけたのは、長女の葵さんです。

「お母さん、何しているのよ！　万引きなんかして！」と葵さんは取り乱しながら、寄鳥さんを責めました。結局、葵さんが精算し、初めての万引きということで警察にも通報されず、その場をあとにしたのです。

これを機に、疎遠になっていた親子の関係が復活しました。それはよかったのですが、寄鳥さんに反省する様子が見られず、「私、そんなことしたかしら？」と言ったり、どうも言動がおかしいことに葵さんは気づき、「お母さん、もしかして認知症かも？」と認知症を疑うようになりました。

数日後、葵さんが付き添い、認知症疾患医療センターを受診したところ、寄鳥さんは「前頭側頭型認知症」と診断されたのです。寄鳥さんは、前頭葉の機能低下により、「お金を払って買う」という論理的な思考がにぶり、買い物の手順がわからなくなっていたのでした。

このように、本人に罪の意識がなく、結果的に犯罪になる、という事例が増えています。法務省が発表した「令和5年版 犯罪白書」によると、2022年（令和4年）に高齢者が検挙された犯罪で最も多いのが万引きを含む「窃盗」です。特に女性高齢者は、約9割が「窃盗」で、うち「万引き」が約8割と顕著に高くなっています。

検挙された人の中には、認知症が疑われる人も少なくありません。2024年（令和6年）1月に「共生社会の実現を推進するための認知

◆自分でできる認知症の気づきチェックリスト◆

❶ 財布や鍵など、物を置いた場所がわからなくなることがありますか ☐

❷ 5分前に聞いた話を思い出せないことがありますか ☐

❸ 周りの人から「いつも同じことを聞く」などのもの忘れがあると言われますか ☐

❹ 今日は何月何日かわからないときがありますか ☐

❺ 言おうとしている言葉が、すぐに出てこないことがありますか ☐

❻ 貯金の出し入れや、家賃や公共料金の支払いは一人でできますか ☐

❼ 一人で買い物に行けますか ☐

❽ バスや電車、自家用車などを使って一人で外出できますか ☐

❾ 自分で掃除機やほうきを使って掃除ができますか ☐

❿ 電話番号を調べて、電話をかけることができますか ☐

まったくない…1点、ときどきある…2点、頻繁にある…3点、いつもそうだ…4点でチェックし、合計点が20点以上の場合は、認知機能や社会生活に支障が出ている可能性があります。

※このチェックリストの結果は、あくまでもおおよその目安で、医学的診断に代わるものではありません。認知症の診断には医療機関の受診が必要です。

※身体機能が低下している場合は、点数が高くなる可能性があります。

出典：地方独立行政法人東京都健康長寿医療センター「認知症の人にやさしい東京をめざして―知って安心認知症」より作成

症基本法」が施行されました。今後は、認知症の人が希望を持って暮らせるよう、法律で認知症の人を守ろうということが目的です。

　いまや認知症は、高血圧症や糖尿病などと並んで国民病とも言えるほど、当たり前になりつつあります。85歳を過ぎると、2人に1

人が認知症になると言われ、加齢とともに、あなたの親も将来的に認知症になる可能性はかなり高いと言えます。このため、必要以上に恐れるのではなく、正しく理解することが重要です。

　認知症の診断には専門医の受診が必要ですが、簡単にできるチェックリストがありますので、まずは親にすすめてみてください。

　前ページは、東京都が発行しているパンフレット「認知症の人にやさしい東京をめざして―知って安心認知症」に掲載されているチェックリストです。合計点数が20点以上の場合は、認知機能や社会生活に支障が出ている可能性がありますので、早めにかかりつけ医に相談し、場合によっては専門医を紹介してもらって受診しましょう。認知症疾患医療センターは、全国で505か所（2023年［令和5年］10月時点）あり、インターネットで検索すれば自宅近くの医療センターを知ることができます。

すぐできること →

◆ 親の行動が気になったら専門医を受診しよう

◆ 認知症の種類と特徴を理解しよう

◆ 「認知症の気づきチェックリスト」をやってもらおう

マネしないでね！

ニャンポイントアドバイス

ボクたちは、猫の世界で生きているから、いたずらをしても反省しないよ。ただ、飼い主さんに怒られたときは、しゅんとするけどね。飼い主さんが一人暮らしのおじいちゃん・おばあちゃんの場合、生活でおかしな言動がないか、家族はときどき様子を見に来て確認してね！

06 スリスリは愛情表現

たまには親への愛情表現をしよう 見習う

　一日の仕事を終えて疲れて帰ったら、留守番をしていた愛猫が玄関まで迎えに来て、足元でスリスリしてくれると、「この子、なんてかわいいの!?」と、一日の疲れが吹き飛びますね。

　確かに、飼い主が朝家を出てから夜までの留守番は飽きますし、大半を昼寝で過ごしているとは言っても、暇を持て余して退屈します。ようやく飼い主が帰ってきたので、「今日も一日お疲れ様！」というねぎらいの意味のスリスリと思いたいところですが、実は猫のスリスリは、飼い主のにおいを確認して、いつもの飼い主のにおいかどうかチェックしているのです。また、マーキングと言って、自分のにおいを擦りつけて、「ここはワタシのテリトリーよ！」と縄張りをアピールしているのです。

　何だか、夫が夜遅く帰ったあと、妻が「この人、浮気していないかしら？」とスーツの内ポケットを探ったり、ワイシャツに口紅がついていないか確認するのと似ていますね。

　猫は、飼い主に甘えたいときや、ご飯をもらいたいときにも、スリスリします。これは、「スリスリしたら、おやつをもらえた」という成功体験から、アピールしていると言われています。

　スリスリは飼い主に対するうちの子の愛情表現と受け止め、これを見習って、自分の親に愛情を伝えるようにしましょう。

　親が年老いて、いままでできていたことができなくなったとき、

子どもとしてはショックを受けるものです。

　たとえば、庭の手入れや花木の水やりなど、父親が長年の習慣でやってきたことが、最近はボーっとすることが増え、ついおろそかになっていると、「お父さん、最近、庭の手入れができてないよ！ このままだと木が枯れちゃうよ！」とつい語気を強めがちです。

　でも、ここは猫の愛情表現を見習って、こんなふうに言ってみましょう。「お父さん、この柿の木は、私が生まれた記念に植えてくれたんだよね。柿の木も大きくなったけど、私も結婚して子どもを持つまでに成長したよ。いままで、ありがとね！」と言えば、「そうだったな、おまえが生まれたときに植えたんだったな。おまえもこの木も大きく成長したもんだ。枯らさないように手入れしないとな」と、お父さんも前向きな気持ちになるはずです。

　親への愛情表現は、子どもとしては照れくさいですが、親への感謝の気持ちを素直に伝えれば、年老いた親の心に響くものです。

　猫を見習い、たまには自分の親にもスリスリしてあげましょう。

すぐできること　→

◆ 親に感謝の気持ちを伝えよう

◆ 親の若いころの思い出話を聞いてみよう

◆ 親に対して愛情表現をしてみよう

見習ってね！

ニャンポイントアドバイス

あなたからの感謝の言葉は、飼い主さんにしっかり届いているんじゃないかな。あなたには感謝していると思うよ！　愛情表現は大事だから、ワタシの行動を見習って、親にスリスリしてあげてね！

07

甘えていたら、いきなり怒り出す

過剰な援助は逆効果になることも　見習う

　頭や体をなでてあげて、気持ちよさそうにしていると思ったら、いきなり猫パンチを食らうことがありますよね。イヤイヤをして急に走り出すこともあります。これは、猫が「ウザいんだよ。もういい加減にして！」と拒否しているサインです。

　「溺愛」という言葉がありますが、かわいいあまり、つい過剰にかわいがってしまいがちです。ですが、猫が拒否サインを出したら、「やり過ぎ」とわきまえましょう。

　親の介護も、同じことが言えます。介護は、その人のできないことを援助し、できることは自分でやってもらうという「自立支援」の考えが基本です。

　たとえば、左半身マヒのある高齢者の入浴の場面では、背中や頭は洗うことが難しいので、介護スタッフが介助します。しかし、右手は効くので、右手で胸やおなか、足などは自分で洗うことができます。これを、介護スタッフがすべて介助して全身を洗ってしまうと、「自立支援」の考えに反し、高齢者の依存心を強めてしまうことになります。

　「年を取ったら、人の世話にはなりたくない」と多くの高齢者が思っていますが、実際に人の世話が必要な状況になると、意外と他人への依存心が芽生えてくる人が多いです。

　この傾向が進むと、「人にやってもらうのが当たり前」という意

識になり、「手の届くところはご自分で洗ってくださいね」などと介護スタッフが促すと、「サービスが悪いな、こっちは客だよ！」などと勘違いして怒る人もいます。

親への援助も、度を越えないように心がけ、過剰な援助は逆効果になることを猫の行動から見習いましょう。「親孝行したい」という気持ちは大切ですが、本人の役割まで奪ってしまうのはよくありません。

　こんなケースがありました。倉篠太助さん（85歳、男性）は、地方で長男一家と6人暮らし。日中は一人で過ごしています。朝夕、1階縁側の雨戸を開け閉めするのが倉篠さんの日課になっていました。

　ところが最近、物忘れが目立つようになり、また、立った瞬間にふらつくことが増えました。心配した長男の守さんは、雨戸の開け閉めの際に指を挟んだり、ふらついてケガをしたら大変だと考え、「おやじ、これからは雨戸の開け閉めはオレがやるから、やらなくていいよ」と言って、倉篠さんの役割を奪ってしまったのです。

　最初は、「そうかい、悪いねえ」と言っていた倉篠さんですが、家での役割がなくなったことで、物忘れや物探しなどの認知症状が増えてしまったのです。

　このように、「安全」を優先して本人の役割まで奪ってしまうと、逆効果になることがあります。この場合、「おやじ、これからは雨戸の開け閉めは、皆平（孫、8歳）が一緒にやるっていうから、お願いね」と言えば、倉篠さんの役割は続き、「この家の役に立っている」というプライドが維持できます。

　過保護にすることで高齢者の役割を奪い、認知症状が進行する場

合があることも理解してください。

　あるデイサービスでは、タオルをたたんだり、湯飲み茶わんを拭く作業を、通っている利用者にお願いしています。利用者は「お客様」ではなく、役割を果たすことで自分自身の尊厳を保ってもらいたいというのが施設の理念です。

　このデイサービスに通う男性利用者は、「ここは、人使いが荒いから何でもやらされるよ」と笑いながら話していましたが、その笑

顔に「自分が必要とされている」というプライドが感じられました。

　老人ホームなどでも、最近は食事の配下膳、花壇の水やり、おやつの準備などの簡単な作業を、入居者に手伝ってもらう施設が増えています。中には、「うちの母親は世話好きなので、何でもやらせてください。そのほうが母親も落ち着くと思います」などと施設に申し入れる人もいます。

　このように、どんな場面でも親の立場を尊重し、役割を奪わず、負担にならない程度に用を言いつけるくらいがいいと思います。役割を与えて本人が負担になるようであれば減らす。その「さじ加減」が大切なのです。

　「役割」と言うとたいそうなものを考えがちですが、孫と遊ぶ、話し相手になる、花に水をやるなど、何でもかまいません。家庭内に役割があることは、居心地のよさや充実感につながります。

すぐできること

◆過剰な援助になっていないか確認しよう

◆「自立支援」の考えを理解しよう

◆親の役割を奪っていないか見直そう

見習ってね！

ニャンポイントアドバイス

太助さんは昼間ボクと遊んでくれる。よく「オレは、息子の家族と一緒に暮らせて幸せだ」って言っているよ。
太助さんも自分の役割がほしいみたいだから、何か親の役割を考え、頼ってみるといいよ。自分でできることまで奪わないでほしいニャ！

08

小さな音も聞き逃さない

早めに補聴器をつけよう　見習う

　猫は人間の３倍も聴覚が優れています。人間が聞き取れる音は、20ヘルツから20,000ヘルツなのに対し、猫は30ヘルツから65,000ヘルツもの広範囲の音を聞き取ることができます。このため、20m先にいるネズミの音を聞き取れるというのです。そういえば、起きているときは常に耳を立てたりイカ耳にしたりして、まるでアンテナのようによく動かしていますね。

　猫は年を取って聴覚が極端に低下するという話は聞きませんが、人間は違います。年を取れば、体力と同じように聴力も低下して、人の声、特に高い音が聞き取りにくくなるのです。これを加齢性難聴（老人性難聴）と言います。

　加齢性難聴は、65歳を過ぎると急に増加すると言われ、60歳代後半では３人に１人、75歳以上になると７割以上が発症すると言われています。

　聴力を強化する訓練方法はなく、難聴を改善する特効薬もないので、対策として補聴器を付けたり、テレビの音量を上げたり、人と近づいて会話することになります。

　猫の聞き耳を立てて音や人の声をしっかり聞き取るという習性は見習いましょう。

　乙賀栗亜さん（78歳、男性）は、家族と同居していますが、最近、奥さんから、「お父さん、テレビの音が大きいよ」と繰り返し言われるようになり、「耳が遠くなったのかな。まあ年だから仕方ないか」と気にしていませんでした。

　耳は歯や目と違い、機能の衰えを自覚しにくいため、人に言われて気づくことが多いのです。

　その後、乙賀さんはさらに難聴が進み、奥さんとの会話も聞き取りにくくなると、「えっ、いま何て言った？」と何度も聞き返すようになり、「お父さん、補聴器を買ってつけてよ。私だっていつも大声で怒鳴っているみたいでストレスなんだから…」と奥さんに諭

され、ようやく補聴器を購入することになりました。

　乙賀さんは、まず耳鼻科を受診し、耳の検査を受け、検査結果を補聴器取扱店に持参しました。

　補聴器取扱店では、耳鼻科の検査結果をもとに聴力検査をしたうえで、オーダーメイドで補聴器を作成し、乙賀さんは両耳あわせて約40万円で購入しました。

　最近はネット通販などで、数万円程度で買える安い補聴器もたくさん出ています。どうしてオーダーメイドだと10倍も高価になるかというと、その人の聴力に合った補聴器を作成し、購入後もその人の聴力低下に合わせて調整が可能だからです。長く使うもので高額なので、慎重に判断したうえで購入しましょう。

　なお、乙賀さんのように耳鼻科を受診して、「補聴器適合に関する診療情報提供書」を医師に書いてもらった場合は、補聴器の購入費用は「医療費控除」の対象になります（詳しくは、国税庁のホームページをご確認ください）。

　また、介護保険を申請すると受ける「要介護（支援）認定調査」に、聴力を確認する項目があります。選択肢は、次の５段階に分かれています。

１．普通に聞こえる

２．普通の声がやっと聞き取れる

３．かなり大きな声なら何とか聞き取れる

４．ほとんど聞こえない

５．聞こえているのか判断不能

　参考までに、もし乙賀さんが補聴器をつけずに要介護認定調査を受けた場合、3の段階に該当すると思われます。しかし、日常的に補聴器をつけている場合は、使用している状態で調査を受けるので、1または2と判定される場合が多いです。

　乙賀さんは、「補聴器をつけてから、音がクリアに聞こえるようになりましたよ。妻から怒鳴られることもなくなったしね」と話しています。

　耳が遠くなり、外部からの情報が制限されるようになると、認知症を発症する可能性が高くなるというデータがあります。親自身が気づくことは少なく、人に指摘されて初めて耳が遠くなったと自覚する場合が多いので、実家に帰った際は、親の聞こえ方にも注意を払いましょう。

すぐできること

◆テレビの音量が大きくなっていないか確認しよう

◆会話で内容を聞き返すことがないか振り返ってみよう

◆早めに補聴器をつけるよう親にすすめよう

見習ってね！

ニャンポイントアドバイス

ボクたちは寝ていても物音がしたら、すぐに飛び出すことができるよ。耳がいいから、遠くの音も聞こえてしまうんだ。
飼い主さんの耳が遠くなって、「ニャーオー」と甘える声が聞こえなくなったら悲しいから、補聴器をつけるよう家族からもすすめてね！

09

夏は涼しいところが好き

エアコンを適切に使おう 見習う

地球温暖化の影響で、夏は毎年のように猛暑が日本列島を襲っています。総務省消防庁の報告データによると、5月から9月に熱中症で救急搬送された人は2010年（平成22年）以降急増し、2022年（令和4年）は71,029人、2023年（令和5年）が91,467人と毎年10万人近くにのぼります。このうち、65歳以上の高齢者が、半数以上を占めています。

また、屋内で救急搬送された人のうち、エアコンを使用していなかった人は9割を占めるというデータもあります。

夏の天気予報では、気象予報士が「今日も、猛烈な暑さが予想されています。室内でもエアコンを適切に使いましょう」と呼びかけるのがすっかり合言葉になりました。

ここでポイントになるのは、夏場のエアコンです。「冷房が苦手」という冷え性の高齢者が多く、敬遠されがちですが、夏は室内でも熱中症の危険があります。

「電気代が、バカにならないから…」という声が聞こえてきそうですが、電気代をケチって熱中症になったら、その何十倍もの医療費がかかるうえに、つらい思いをします。コストパフォーマンスを考えたら、多少電気代が上がっても、健康には代えられません。「健康のためにもエアコンを使ってね」などとエアコンを活用して、熱中症を予防するよう親に繰り返し声をかけるようにしましょう。

一方、猫の暑さ対策はというと、夏に猫が扇風機の前で涼んでいる光景は見たことがありません。しかし、いくら暑さに強いといっても、猫は真夏に毛皮を着ているようなものです。さらに、室温が30度にも達すると、猫も熱中症にならないよう自己防衛をします。

　そこで、猫は家中を歩きまわって、風通しがいい場所を探します。昭和中期のまだエアコンが普及する前、家族は猫の跡をつけて行って、一緒に昼寝をしていました。猫が昼寝する場所が、いちばん涼しいところだったからです。

　猫が涼しい場所を求めて室内を歩きまわるのを見習い、エアコンを上手に使って親が熱中症になることを避けましょう。熱中症は病気やケガと違い、日頃の心がけによって避けることができますので、次のことを心がけるよう親に提案してください。

▶1．室内温度は28度にする

　環境省が目安としている「夏は28度」という目安は、エアコンの設定温度ではなく、室内の温度です。エアコンの設定温度に頼らず、温度計や湿度計を室内に設置し、常に室内の温度を確認してください。スマートエアコンなら、離れて住んでいてもスマホから親の部屋のエアコンを遠隔操作ができて便利です。普通のエアコンでも、スマートリモコンを導入すれば遠隔操作が可能になる場合が多く、低コストなためおすすめです。

▶2．水分補給

　体内の水分量は成人が約60％なのに対し、高齢者は約50％。また、体の老廃物を排出するため、高齢者はたくさんの尿を必要とします。さらに、暑さやのどの渇きに対する感覚が鈍くなり、脱水症状になりやすいのです。

　このため、のどが渇く前に、水分を摂ることが重要です。親の手元にペットボトルや湯沸かしポットなどを置き、常に水分が摂れる環境にします。1時間にコップ1杯、1日あたり1.2ℓを目安に水分補給するよう促しましょう。

　また、水分補給の時間をあらかじめ決めておくこともポイントです。起床時、10時、昼食時、13時、15時、夕食時、寝る前といった具合です。「のどが渇いたから飲む」では手遅れになる可能性があります。水分と一緒にせんべいや梅干しなどを食べれば、塩分も同時に摂ることができるためおすすめです。

▶ 3.　夜間の熱中症対策

　熱中症の約4割は夜間に発症しています。都市部を中心に夜も25度を下回らない熱帯夜が多いので、夜間もエアコンを適切に使い、安眠できる環境にします。また、枕元に水を用意し、就寝前と起床時のほか、睡眠中もトイレに起きたときなどに水分補給をするよう促しましょう。夜間は症状に気づきにくいため、予防が大切です。

すぐできること

◆スマートエアコンで親がいる部屋の温度を管理しよう

◆水分を摂る時間を決めよう

◆夜間も水分補給に努めよう

見習ってね！

ニャンポイントアドバイス

最近の夏の暑さは異常なので、ボクたちだって体にこたえるよ。飼い主さんが熱中症になって病院に運ばれると、ボクたちは寂しくなってしまうから、夏はエアコンをつけて熱中症にならないよう、家族からも注意を呼びかけてね。2ℓ入りのミネラルウォーターのペットボトルを箱で送る家族もいて、飼い主さんから感謝されているみたいだよ！

10

警戒心が強い

特殊詐欺に警戒しよう　見習う

　猫は警戒心の強い動物。野生時代から単独で行動してきたため、「自分の身は自分で守る」という習性が身についています。

　保護猫を迎えたときなどは、警戒心の強さから、なかなか懐いてくれず、飼い主を悩ませます。でも、徐々に猫が心を許していく姿は、ほほえましいですね。

　こうした**猫の警戒心は、高齢の親にはぜひ見習ってもらいましょう**。というのも、高齢者を狙った特殊詐欺が多発しているからです。

　警察庁の発表によると、振り込め詐欺などの特殊詐欺の認知件数は、2023年（令和5年）の1年間に19,038件で、被害額は452.6億円にのぼるそうです。前年比8.4％増で、3年連続で増加となりました。

　また、2018年（平成30年）に警察庁が行なった「オレオレ詐欺被害者等調査」では、78.2％が「自分は被害に遭わないと思っていた」と回答しました。「どちらかと言えば自分は被害に遭わないと思っていた」の16.9％を合わせると、95.1％にのぼります。つまり、「自分だけは大丈夫」と自信を持っていても、犯人グループの巧みな話術に、コロッと騙されてしまうということです。

　そこで、こうした被害に遭わないために、次のことを心がけるようあなたの親に伝えてください。

3423456１．固定電話を契約している場合は、在宅していても留守番電話にしておき、相手の声を確認してから出る

２．「この通話は、犯罪被害防止のため録音されています」などのメッセージ機能のついた電話機を設置する

３．可能であれば固定電話を解約し、スマホに切り替える

警察関係者から直接聞いた話では、「とにかく不審な電話には出

第2章　にゃんとも不思議な猫のクセ　〜猫から学ぶ高齢者にありがちな「特性」〜

ない。相手と会話しないで、すぐに切る」ことが重要だそうです。

　不審な電話とは、息子や孫を名乗って馴れ馴れしく話し始めたり、警察や役所、NHK、金融機関、日本年金機構など公的機関の担当者を名乗って、もっともらしい話をしてくる、あるいは、「資産は300万円以上あるか」など具体的な質問をしてくるような電話のことです。

　こうした電話がかかってきても、決して相手にしないことです。判断力が正常なうちに、電話を切るよう親に会うたびに話してください。「人を見たらどろぼうと思え！」という格言がありますが、「猫を見たら警戒心を見習え！」を合言葉にしましょう。

すぐできること

◆家にいても留守番電話にしておこう

◆見慣れない番号の電話は出ないルールにしよう

◆怪しい電話は迷わず切る習慣をつけよう

見習ってね！

ニャンポイントアドバイス

飼い主さんが詐欺に遭ってお金を取られると、カリカリ（キャットフード）やおやつにも響くから、ワタシたちを見習って、怪しい電話には対応しないよう親に伝えてね！　親は「うちは大丈夫」って言ってるけど、年を取って警戒心や判断力が衰えていることを自覚してないみたいだから、家族からの忠告が大事だよ。

第**3**章

にゃんとも愛しい猫の毎日
～猫から学ぶ高齢者の「日々の生活」～

　毎日の生活に欠かせない食事や入浴、トイレ、歯磨きなどの動作は、高齢になるとスムーズにいかなくなってくる場合があります。
　第3章では、こうした日常生活の動作を、猫の習性と比べながら親の生活を見直してみましょう。

01 トイレや室内はいつも清潔

介護保険でトイレ掃除が頼める場合も

見習う

　猫は、おしっこやうんちをしたあと、砂をかけて隠します。これも野生時代の名残で、敵に自分の存在を知られないようにするためだと言われています。縄張り意識が強い猫は、野外で自由に生活していたころ、排泄物など自分のにおいを隠すことで、外敵から身を守っていたと考えられています。

　家飼いが中心になった現代、猫のトイレは部屋の隅や階段の下など、人目のつかないところに置かれることが多いでしょう。成長期の猫なら、おしっこは1日2〜4回、うんちは1日0〜1回が平均的な回数。飼い主よりは少ないですが、意外と頻繁に排泄をしています。中には、飼い主が使うトイレで器用に用を足す猫もいて、さすがに水を流すことはできませんが、子猫のうちから慣れさせれば可能なようです。

　それはともかく、猫はきれい好きで、自分のにおいがするトイレでは排泄をしないことがありますので、少なくても1日1回は排泄後の猫砂を処分するなど、トイレは清潔にしてあげましょう。

　親が使うトイレも猫に見習い、清潔に保ちましょう。汚れたトイレは誰も使いたくありませんよね。汚れやすい場所だからこそ、いつも清潔にしておく習慣が大切です。

　しかし、年老いた親にとって、腰をかがめて便器をこする動作は負担がかかります。特に慢性腰痛や腰椎圧迫骨折、脊柱管狭窄症

など腰に疾患を抱えている場合は、きつい姿勢となり、持病を悪化させてしまう恐れがあります。

　こんなときは、トイレ掃除を代行してもらいましょう。

　同居している家族がいれば、自然と家族が掃除するようになるケースが多いですが、別居している場合は我が子に自分が使うトイレの掃除を頼むのは、心理的な負担を感じるものです。うまく代行サービスを利用して、腰の持病を悪化させないようにフォローできるとよいでしょう。

　介護保険サービスで、トイレ掃除をヘルパーに代行してもらえる

場合があります。条件としては、まず要介護（支援）認定を受けていること、事業対象者として認定されていることが前提になります。このほか、一人暮らしで家に誰も支援者がいないこと、家族と同居していても、その家族にも病気や障害があり、頼むことができない場合などです。これらの条件をクリアして、初めて介護保険サービスでトイレ掃除の代行を頼むことができます。

　トイレ掃除ができないということは、風呂掃除や居室の掃除機かけも負担という場合が多いので、ケアマネジャーに依頼し、生活援助の一部として掃除をケアプランに入れてもらい、週1回程度代行してもらいましょう。料金は、1割負担なら20分以上45分未満で179円、45分以上70分未満で220円です（地域区分の加算がない場合で、自治体により割増あり）。

　また、介護保険サービスは制約が多いので、地元の社会福祉協議会やNPO法人などが運営する「家事代行サービス」などの利用も検討してください。

　室内の整理整頓も大事です。よく言われる「ゴミ屋敷」状態も、最初は床や畳に物を置くところから始まります。やがて、コンビニの弁当や総菜の空パック、空き缶、ペットボトルなどが床や畳の上に増え始め、さらに衣類も脱ぎっぱなし状態になると、もう「ゴミ屋敷」一直線です。

　あなたの実家がこうならないためには、最初が肝心です。少しでもゴミが目立ってきたら、「お父さん、片づけないとゴミ屋敷になっちゃうよ」と、深刻な状態になる前に、片づけるよう注意喚起しましょう。

　このときに重要なのは、本人に片づけてもらうことです。子ども

が一方的に片づけ始めると、「勝手なことをするな！」と怒り出し、この反抗心からさらに片づけなくなる可能性があるので、親が主体的に片づけを始めるように促すことです。

　最近は、本人は「ゴミ」とは認識していないので、「生活財であふれた室内」と言い換える場合がありますが、家族や第三者から見たら同じことです。

　また、ささいなことですが、テレビやエアコンのリモコンが手垢で汚れていたり、電話の子機が黒ずんできても、高齢になると注意が向かなくなります。こんなことも、実家に帰ったときのチェック項目にしましょう。

すぐできること

◆ トイレはいつもきれいにしよう

◆ 「ゴミ屋敷」になる前に手を打とう

◆ 毎日使うリモコンが汚れていないかチェックしよう

見習ってね！

ニャンポイントアドバイス

トイレにはこだわりがあって、いつもきれいにしてほしいニャ。もしかして、あなたが飼い主さんのトイレも掃除してくれているの？　ありがとう！
それと、部屋の中が散らかっていると、つまずいて転ぶよ！　転んで骨を折ってしまったら入院することになってしまうかも。部屋をきれいに保つのはとっても大切だよ。片づけるよう家族からも声をかけてね！

第3章　にゃんとも愛しい猫の毎日　〜猫から学ぶ高齢者の「日々の生活」〜

89

02 だらだらと睡眠時間が長い

睡眠は時間よりも質が大事！ 反面教師

猫は1日12時間から16時間程度を寝て過ごします。子猫にいたっては、1日20時間以上寝ます。「寝る子」が「寝子(ねこ)」になったという説もあるくらいよく寝ます。

前述したように、猫の場合、寝ていると言っても熟睡しているわけではなく、敵が来たらすぐに逃げられ、獲物を見つけたらすぐに飛びかかれるくらいの浅い睡眠です。

猫がぐっすり眠るのは、合計で1日2～3時間程度と言われています。目を閉じて寝ているように見えても、実はうたた寝の状態で、人間の睡眠にたとえると、脳が半分起きている「レム睡眠」の状態。人間はレム睡眠のときに夢を見るので、猫も夢を見ているかもしれませんね。

「若いころは連続10時間も眠れたのに、年を取ったらトイレに起きる回数が増えて、ぐっすり眠れなくなった」という話を高齢者からよく聞きます。

高齢者の睡眠の特徴は、①睡眠が浅い、②睡眠時間が短い、③早寝早起きになりがち、④夜間頻尿で熟睡できない、と言われています。これは、若いころと比べ、日中の活動量や、ホルモンの分泌量が減ることなどが原因です。また、夕食後は特にすることがなく、早めにふとんに入ってしまうことも、原因のひとつです。「夜眠れない」と言っても、日中のうたた寝で意外と睡眠時間を稼いでいる

場合もあります。

　対策としては、できるだけ日中を活動的に過ごすことや、眠気を感じてからふとんに入る、昼寝はできるだけ避け、したとしても30分程度で起きる、などです。

　また、認知症の原因物質であるアミロイドβは、ぐっすり眠ることで脳内から血液中に分泌され、認知症の発症を抑えることが、最近の研究でわかりました。高齢の親にとって、熟睡できるかどうかが、認知症になるかどうかの重要な分かれ道とも言えます。

　介護保険のデイサービスを利用している人は、デイサービスに通った日はよく眠れるという話を聞きます。これは、外出をして、デイサービスで機能訓練やレクリエーション活動、ほかの利用者や介護スタッフと会話や交流をすることで得られる、身体的、精神的な心地よい疲れが、いい睡眠につながっていると考えられます。

　公民館やカルチャーセンターでの趣味活動や、友人と会って食事

やお茶をするだけでも、脳の刺激になり効果があります。

　くたくたに疲れるほどの活動は、翌日以降も疲れが残るので、かえって体によくありませんが、この「心地よい疲れ」が、高齢者には必要なのです。**いかに睡眠の質を高めて熟睡する時間を確保するか、猫の惰眠は反面教師にして、活動的に過ごしましょう。**

　これまでにもお伝えしている通り、猛暑の夏や、風の冷たい真冬も時間を決めるなどして、できるだけ1日1回は外出するよう心がけましょう。できれば30分くらいのウォーキングなど、軽く汗をかく程度の有酸素運動を行なうのがおすすめです。

　外出から帰って、うちの子が「お帰り！」のスリスリをしてくれたら、外出のモチベーションが上がりますね。あなたの親にもぜひ「心地よい疲れ」を毎日感じるよう行動を後押ししてください。

すぐできること

◆日中、活動的に過ごす工夫をしよう

◆心地よい疲れを感じよう

◆1日1回は外出しよう

ニャンポイントアドバイス

ワタシたちがよく寝るのは、もともと夜行性の生き物で、昼間は体力を温存するためよ。「だらだらとよく寝る」と言われるのは心外だわ！
飼い主さんは、夜ぐっすり眠るために、心地よく疲れるのがいいみたいだよ。一日中家の中で過ごさないで、お出かけしてね。たまに夜の運動会で騒がしくするけど、許してニャ！

03 実は完全肉食動物

良質のたんぱく質は高齢期に必須　見習う

　私の地元・埼玉県川越市は、明治から続く蔵造りの街並みが観光名所として有名です。この街並みの一角に、江戸時代末期創業の「かつおぶし中市本店」があります。ここで昼の12時から販売される「ねこまんま 焼おにぎり」が人気で、いつも観光客の行列ができています。

　「ねこまんま 焼おにぎり」は、埼玉県産コシヒカリを使用して、1つひとつていねいに焼き上げたおにぎりに、自家製のだし醤油を塗り、その上にかつお節か、いわし節をトッピングし、観光客が食べ歩きしやすいよう紙に包んでくれます。1個300円、川越に来られた際は、ぜひご賞味ください（かつおぶし中市本店ホームページより）。

　昭和の時代、ねこまんまと言えば、残飯にかつお節や煮干しをまぶし、醤油をかけるのが定番でした。魚の頭や骨など、人間の食べ残しもまぜていました。みそ汁の残りをかけることもありましたね。

　しかし、猫は炭水化物の消化能力が低く、また醤油などからの塩分の摂りすぎで腎臓病にかかりやすいことがわかり、最近は栄養バランスの取れた猫缶やキャットフードが主流になりました。

　猫はもともと肉食動物ですが、日本は海に囲まれた島国で魚がどこでも手に入りやすかったことから、猫のエサ＝魚というイメージが定着しました。テレビアニメ「サザエさん」のテーマソングの冒頭も、「♪お魚くわえたドラ猫　追っかけて…」ですね。

猫の肉食は、高齢の親にも見習ってもらいましょう。高齢になると、こってりした肉類を避け、あっさりしたものを好む傾向があり、知らず知らずのうちに低栄養状態になってしまうのです。低栄養状態とは、たんぱく質などの摂取量が低下し、体を維持するために必要な筋肉や骨をつくる栄養素が足りない状態を言います。

　「たんぱく質なら、毎日豆腐や納豆を食べているから大丈夫」と言う人もいると思います。しかし、これら植物性たんぱく質は、肉や卵などの動物性たんぱく質に比べ、必須アミノ酸の量が少ないため、動物性、植物性両方のたんぱく質をバランスよく摂らなければなりません。

　たんぱく質は筋肉のもとになるので、たんぱく質の摂取量が低下すると、筋力も衰え、転びやすくなります。また、気力・体力が低下すると、外出も億劫になり、免疫力が低下して病気になりやすくなるのです。

　厚生労働省の「令和元年国民健康・栄養調査」によると、85歳以上の男性の17.2％、女性では27.9％が低栄養傾向で、高齢になるにつれて低栄養の人の割合は高まる、という調査結果が出ています。

　そんな高齢者の低栄養状態の改善に取り組んでいる自治体があります。東京都足立区では2022年（令和4年）から、区民の高齢者に元気に過ごしてもらおうと、たんぱく質を多く含む食品を食べてもらい、体重や筋肉を維持する「ぱく増し」と名付けた事業を実施しています。

　専用リーフレットでは、サラダチキン1本24ｇ、ハム2枚4ｇ、まぐろの刺身5切れ22ｇなど、たんぱく質の含有量を掲載しています。また、ホームページでは、サバ缶カレー（たんぱく質約34ｇ）、しらす納豆卵丼（同23ｇ）、いわしのひつまぶし丼（同21ｇ）など

◆ぱく増しレシピ◆

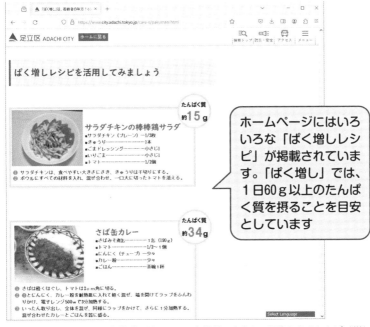

ホームページにはいろいろな「ぱく増しレシピ」が掲載されています。「ぱく増し」では、1日60g以上のたんぱく質を摂ることを目安としています

出典：足立区公式ホームページ「『ぱく増し』は、高齢者の味方！　65歳からのたんぱく増し生活〜肉も魚も食べよう〜」

のレシピも紹介しています。

　親が痩せてきたかどうかは外見ではわかりにくく、特に厚着をする冬場は判断がつきません。このため、月1回は体重を測り、記録するよう親に促しましょう。

　実際に低栄養状態から健康を取り戻した人を紹介します。
　八瀬原骨身さん（70歳、男性、一人暮らし）は、身長165cm、体重50kgで、BMIは18.3。かなりのやせ形です。日本肥満学会の判定基準でも、「低体重（やせ過ぎ）」に該当します。
　奥さんに先立たれ、一人暮らしになってからの食生活は、夏はそ

うめん、冬はうどんやそばなど、麺類や簡単に調理できるものが中心になっています。

　あるとき、日帰り温泉で体重を測ったところ、1年前より3kg体重が減っていることに驚きました。「そういえば、最近体力がなくなり、疲れやすくなった気がする」と気づいた八瀬原さん。このことを離れて暮らす長女に話すと、「お父さん、それ、栄養失調だよ！やばいよ！」と言われ、ショックを受けました。

　八瀬原さんは「これではいけない」と一念発起し、体力を回復するため、カロリーを意識した食事を摂るようになりました。

　具体的には、地元の社会福祉協議会が主催する「シニアのための低栄養予防料理教室」に通うなどして、栄養価の高い食事を自分でつくることに目覚めたのです。

　このように、食事は生きることに直結しますので、八瀬原さんの長女のように親の体重減少に気づいたら、低栄養状態や病気かもしれないと考え、改善に努めましょう。

すぐできること

◆親が低栄養状態になっていないかチェックしよう

◆動物性たんぱく質を積極的に摂るよう促そう

◆日頃から親の体重の増減に気をつけよう

見習ってね！

ニャンポイントアドバイス

ワタシたちの先輩は、塩分の多いねこまんまのせいで、寿命が短かったよ。猫の成人病だね。飼い主さんも、ワタシが一生懸命食べているのを見習って、肉や魚もしっかり食べるよう、家族からもすすめてね！　冷蔵庫や食器棚をチェックすると、食生活の傾向がわかるよ。

04 留守中、うちの子は大丈夫？

離れた親の生活はセンサーで確認 見習う

　朝、家の玄関を出るとき、うちの子が見送ってくれ、「ニャーオー（行かないで！）」とまとわりつかれると、ついスリスリして、「仕事が終わったら、すぐ帰ってくるから、しっかりお留守番していてね！」と別れを惜しんで玄関を出る愛猫家も多いことでしょう。外出中や仕事中も「うちの子、大丈夫かな？　しっかりご飯を食べているかな？」など、つい気になってしまうものです。

　そこで、スマホでいつでもうちの子の様子が見られる「ペット見守りカメラ」を設置している人が最近増えてきました。これは、猫のいる部屋にカメラを設置して、離れた場所からスマホなどで映像が確認できるものです。カメラが猫の動きを感知して、自動で追跡する機能付きのものもあります。

　外出中も、うちの子が何をしているか、ご飯を食べているかなどを確認できて安心できますね。そもそも、猫は外部からの侵入者を見守る「ニャルソック」でもあるので、しっかり警備しているかの確認にもなります。

　これと同じように、**一人暮らしの親の様子を確認するシステムが各社から発売されていますので、見習って対策をしましょう。**

　たとえば監視カメラ。「ペット見守りカメラ」と同じように、親の動きに合わせてカメラが作動し、異常がないかスマホで確認することができます。ただし、「いつも監視されているようでイヤ！」

という親も少なくありません。中には、介護付有料老人ホームに親を入居させた家族が、「親がていねいな介護を受けているか。虐待行為を受けていないか」を確認するために親の居室に設置する人もいます。

　「実家に監視カメラをつけるのには抵抗があるが、親のことが心配」という人のために、センサーで親の動きを確認するという方法もあります。

　これは、廊下やトイレ、居間など、親が普通に生活していれば必ず通る場所にセンサーを設置し、一定の時間その場所を通らないとセンサーが反応して、あらかじめ登録してあるスマホにメールで知らせるものです。

　また、電気ポットのスイッチや冷蔵庫の開け閉めなどで、親の異常を知らせるサービスもあります。

　中でもよく知られているのは、象印マホービン株式会社の電気ポット「iポット」です。これは、無線通信機を内蔵した電気ポットで、この電気ポットを使うと、電源のONや給湯などの情報をメールで知らせてくれます。離れた家族は、この通知によって「今日も、お湯を沸かしてお茶を飲んでいるな」と安心できます。実際にこのサービスを利用している人に話を聞きました。

　安比須磨穂さん（60歳、女性）は、87歳で一人暮らしの父親のために、電気ポット「iポット」をレンタルして、このサービスを利用し始めました。父親は高血圧症の持病があり、薬を服用しています。実家までは車で約1時間30分かかるため、できるだけ毎週通うようにはしていますが、家庭もあり、行けない週もあります。

　そこで、毎日お湯を沸かしてお茶を飲む習慣のある父親にはぴったりだと思い、「iポット」を利用することにしたそうです。

利用する前は、毎日電話で安否確認していましたが、「お父さん、変わりない？」「ああ、大丈夫だよ。何かあったら、こっちから連絡するから…」と会話の内容もマンネリ化し、お互いにストレスを感じていました。

　「ｉポット」を利用するようになってから、電話の回数は減り、スマホにメールが届くと、「今日もお父さん、お湯を沸かしているな」とほっとするそうです。

　安比さんは、「電話での会話も大事ですけど、無口な父は電話が苦手なので、お湯を沸かすだけで娘に通知されるこの仕組みを気に入っているようです」と話しています。

　最近は、IoT（モノのインターネット化）やデジタル化が進んでいますので、特に離れて暮らす親の生活には、こうした機器を上手に活用するのがおすすめです。

すぐできること

◆ 親の生活ぶりに関心を持とう

◆ 人感センサーなどの機器を活用しよう

◆ 電話の苦手な親とは別の安否確認方法を考えよう

見習ってね！

ニャンポイントアドバイス

ボクらは飼い主さんが留守の間、外から敵が来ないかいつも見守っているよ。そのボクらを飼い主さんがカメラで見守ってくれているんだね。親が一人暮らしで心配なら、センサー機器を活用して、しっかり見守ってあげてね！　お互いの安心につながるよ！

お風呂は苦手

高齢期は「面倒くさい」との闘い　反面教師

　入浴は体を清潔に保つと同時に、疲労回復や全身の血行を促進する効果があります。若い人は毎日入らないと気が済まない人も多いと思いますが、高齢になると、つい億劫になりがちです。特に冬は、着込んでいるので衣類の着脱に時間がかかり、「まあいいか」と敬遠してしまいがちです。水道光熱費の節約のために、入浴回数を減らす高齢者も少なくありません。

　毎日入って全身の血行を促進することが理想ですが、毎日でなくても1日おきなど、定期的に入る習慣をつけましょう。偶数日に入る、と決めるのもよいでしょう。

　愛猫に抵抗されながら、悪戦苦闘して入浴（シャワー浴）させている場面を、YouTubeなどでよく見かけます。昭和時代の猫は、入浴することはほとんどなく、自分で毛づくろいをして、毛の汚れを取り除いていました。

　猫の祖先は、雨が降らない砂漠出身のため、水に濡れることに慣れていません。このため、シャワー浴をさせようとすると抵抗するのです。本能的に水が苦手なのですね。**猫の風呂嫌いは、親の日常生活では反面教師にしてください。**

　草津有馬さん（75歳、男性）は、3年前に奥さんを亡くしてから一人暮らし。一人息子は、独立して他県で生活しています。

　草津さんも、猫と同じでお風呂があまり好きではありません。特

に冬場は汗をかかないので、３日に１回か、場合によっては１週間入らないこともあります。

　あるとき、孫が遊びに来て言われた、「おじいちゃん、臭い！」の一言にショックを受けました。「そういえば、あまり風呂に入ってなかったな」と草津さんは反省し、それからは、夏は毎日、冬でも１日おきにお風呂に入り、着替えるようになりました。

　孫が何気なく言った一言。大人では、家族でも面と向かって言えませんが、他意のない孫の正直な言葉が、草津さんの行動を変えることにつながったのですね。

　自宅にお風呂があっても、一人暮らしの場合、つい億劫になって入るのをためらってしまいがちです。このような場合は、いまは少なくなりましたが、町の銭湯を利用することも一案です。まだ日の高い午後３時か４時の一番風呂にゆったり浸かる。これも、現役をリタイアした高齢者の特権と言えます。

　また、最近は「スーパー銭湯」が各地に増えていますので、たまには日帰り温泉気分を味わうことも、非日常感があって、いい気分転換になりますよ。

　このほか、老人福祉センターや老人憩いの家などでは、無料や低料金で入浴できる場合もありますので、調べてみてください。意外と自宅の近くにあるかもしれません。

　入浴に限らず、年を取ると何事も億劫になり、「面倒くさい」と思いがちです。特に入浴は、風呂を沸かして、衣服を脱ぐ、髪や体を洗う、体を拭いて衣服を着る、お湯を抜いて浴槽を掃除する、という一連の動作がありますので、個人差はあるものの敬遠されやすいのです。着替えた衣類の洗濯も負担になります。このようなとき

は、「面倒くさい」と思っていることを、具体的に「見える化」してみましょう。そうすると、どの作業が面倒くさいのかが見えてきます。見える化できたら、楽にする方法を考えましょう。

　また、有馬さんのように、孫に言われて初めて気づくなど、何日も風呂に入らず着替えをしないとにおいが自分でもわかってきます。こうなると、人と会ったり外出することを避けてしまい、閉じこもりの原因になりかねません。

　「風呂上がりの1杯」という言葉があるように、入浴後のビールを楽しみにする、お気に入りのドリンクを飲む、アイスを食べる、ストレッチで体をほぐすなど、「風呂上がりのご褒美」を決めておくと、入浴のモチベーションにつながるのではないでしょうか。あなたの親が定期的に入浴して着替えているか、一度確認してみてください。

すぐできること

◆ 定期的に入浴する習慣をつけよう
◆ 「面倒くさい」の原因を探って解決しよう
◆ 風呂上がりのご褒美を決めておこう

マネしないでね!

ニャンポイントアドバイス

ワタシたちは、お風呂に入る習慣がない代わりに、いつも毛づくろいをしているわ。とにかく水が嫌いなの!　でも、飼い主さんは毎日お風呂に入って清潔にするよう促してね!

06 水分をあまり摂らない

冬の脱水状態に要注意！ 反面教師

　野生時代、猫はネズミや昆虫、魚などを捕獲して食料にしていました。猫の祖先は砂漠出身のため、水分をあまり摂らなくても生き延びることができたのです。また、ネズミなどの小動物を丸ごと食べていたので、獲物の体内の水分も自然に摂取していました。

　家飼いが一般的になると、猫の食生活も一変しました。主食がキャットフードになり、水分は別に用意して飲ませる必要が出てきています。

　環境省が発表している「飼い主のためのペットフード・ガイドライン」によると、猫の体は、60〜80％を水分が占めています。成人の体の水分量が約60％ですから、人間よりも体内の水分の割合が大きい動物です。

　猫が1日に必要とする水分は、体重1kgあたり20〜45mℓと言われています。猫の体重が5kgとすると、必要量は100〜225mℓ。コップ半分から1杯ほどの水分で猫は生きていける、ということになります。また、ドライフードで全体の約10％、ウェットフードは全体の約80％が水分ですので、必ずしもコップ半分から1杯程度にこだわらなくてもかまいません。

　いずれにしても、**猫は少ない水分で十分生きていけるのですが、これは反面教師にして、高齢者は年間を通して水分を十分摂りましょう。**

　人間の水分摂取量は、大人で１日約2.5ℓと言われています。このうち食事で約１ℓの水分が摂れ、体内でつくられる水分が約0.3ℓ、残りの1.2ℓは、意識して摂るようにします。

　夏は例年猛暑続きで「熱中症に気をつける」「のどが渇く前に水分を摂る」が合言葉。夏場の熱中症対策は78ページで紹介しましたが、冬場の脱水症状は意外とおろそかにしがちです。

　そもそも高齢者はのどの渇きに気づきにくく、また水分を摂るとトイレが近くなるという理由で水分を控える傾向があり、このため脱水状態になりやすいのです。

　対策としては、まず就寝前と起床時にコップ１杯の水を飲むこと。就寝中は、汗で体内の水分が失われるため脱水症になりやすく、脳梗塞や心筋梗塞などを誘発する可能性があるので、就寝前の水分補給は重要です。起床時は、就寝中に失われた水分の補給のため必要

です。特に夏場は汗で水分が失われるので、トイレに起きた際も、水分補給をしましょう。

昼間でも、手の届くところにペットボトルなどを置いて、1時間に100mlを目安に水分を摂りましょう。のどが渇く前に、定期的に飲むことが大切です。ただし、コーヒーやお茶などカフェインが含まれている飲み物は、利尿作用により、体内のミネラルが尿と一緒に排出されてしまうので、水や白湯、麦茶などにしましょう。汗をたくさんかいたあとなどは、スポーツドリンクも有効です。

実家に帰った際は、親の手元にペットボトルや湯沸かしポットがあり、いつでも飲める状態か確認しましょう。夏だけでなく、冬の脱水症にも気をつけましょう。

すぐできること

◆年間を通して水分を十分に摂ろう
◆就寝中の熱中症を予防しよう
◆手の届くところに飲み物を置いておこう

マネしないでね！

ニャンポイントアドバイス

ボクらは、あまり水を飲まなくても生きていけるけど、飼い主さんは脱水症にならないように、水分をしっかり摂るよう声をかけてね！　ちなみに、あまり水を飲まないボクらだけど、意外と水にはうるさいので、水飲み場には新鮮な水を用意してほしいニャ！

レバー式ドアノブを器用に開ける

ドアノブ交換は公的サービスで 見習う

　普段は丸めている背骨を思いっきり伸ばして、レバー式のドアノブに前足をかけて器用にドアを開ける。これも飼い猫のあるあるですね。中には、飛び上がってドアノブにしがみついて開ける猫もいます。よくあれだけ背中が伸びるものだと感心してしまいますね。

　ケアマネジャーとして働いていると、いままで何気なく握っていた回転式のドアノブが、高齢になると握力が低下して手に力が入らなくなり、開けるのが難しくなったという話をよく聞きます。ドアノブは、毎日使いますから、親にとっては不自由を感じ、「年を取ってしまった」と悲しくなる瞬間ですね。

　こんな場合は、開き戸を引き戸にしたり、アコーディオンカーテンに変更すれば、楽に開け閉めができるようになります。**猫が楽にレバー式のドアノブを開ける場面は、高齢の親にも見習ってもらいましょう。**

　介護保険制度では、次ページの住宅改修を保険給付の対象とし、実際の工事価格の1割〜3割負担で工事ができます。保険の適用範囲は20万円で、もし1割負担の人が総額30万円の工事をした場合、保険内の20万円分は1割負担の2万円、20万円を超える10万円分は全額自己負担で、あわせて12万円が自己負担となります。

　ただし、要介護度が3段階以上上がった場合、たとえば要介護1

の人が要介護4になった場合などは、それまでの利用実績がリセットされ、新たに20万円の利用枠が発生します。また、転居した場合も、同じく新たに20万円分が利用できます。

　なお、工事は1回で20万円使い切る必要はなく、1回目の工事で10万円利用したあと、2回目で5万円利用し、3回目に残りの5万円を使い切る、といった分割利用も可能です。

〈介護保険で対象となる住宅改修の種類〉

1．手すりの取付け

2．段差の解消

3．滑りの防止及び移動の円滑化等のための床又は通路面の材料の変更

4．引き戸等への扉の取替え

5．洋式便器等への便器の取替え

6．その他前各号の住宅改修に付帯して必要となる住宅改修

　「開き戸から引き戸への交換工事」ですが、家屋の構造上引き戸にできない場合もあります。その際は、ドアノブのみ回転式からレバー式に変更することができます。ただし、レバー式にしたら、うちの子に勝手にドアを開けられることは覚悟してくださいね。

　実際に工事を希望する際、親が要介護認定を受けている場合は、担当のケアマネジャーに相談してください。ケアマネジャーは福祉用具専門相談員と現場を確認し、図面や見積書、申請書などを作成します。

　認定を受けていない場合は、担当地区の包括センターに相談してください。「ここに手すりをつけたい」「ドアノブをレバー式に変更

したい」など、担当者に具体的に希望を伝えます。ヘルパーやデイサービスなどの介護保険サービスを使う予定はなくても、「介護保険で住宅改修をしたい」と申し出て申請し認定を受ければ、保険の適用となります。

　要介護（支援）認定が下りたら、担当者が福祉用具専門相談員に依頼して、図面や見積書などを作成し、役所への事前申請も代行してくれます。16ページでも紹介したとおり、介護保険の適用工事は事前申請が必須条件です。

　繰り返し伝えているように、親が転倒してケガをすることは何としても避ける必要があるので、いますぐつまずきやすい場所がないかを専門家に検証してもらい、手すりの設置や段差解消の工事をすることを強くおすすめします。足腰の衰えた高齢の親は、遅かれ早かれ必ず転倒すると覚悟し、転ぶ前の対策が重要です。

すぐできること

◆介護保険適用のバリアフリー工事を積極的に活用しよう

◆工事前に、ケアマネジャーなどに相談しよう

◆専門家に危険な箇所を指摘してもらおう

見習ってね！

ニャンポイントアドバイス

離れて暮らしていると、回転式のドアノブが開けにくくなっているかどうかは気づきにくいと思うよ。親が自分から言い出すことはまずないから、家族からのアドバイスが大事だよ！

08 歯磨きはイヤイヤ！

親も猫も歯周病対策を 反面教師

「老化は歯から始まる」と言われます。

「固いものが嚙みにくい」「入れ歯が合わずに使っていない」「よく嚙めないので、やわらかいものばかり食べている」など、歯のトラブルによる食生活の変化は、親の健康状態に直結します。最近は、歯周病菌が全身にまわって心疾患や脳梗塞の原因になるというデータも発表されています。怖いですね。

猫も歯の問題は同じです。猫は虫歯にはなりませんが、歯周病や口内炎にはなりやすいと言われています。永久歯は30本あり、猫の歯磨きは、かなりイヤイヤをされ飼い主泣かせですが、健康な歯を維持するためにも、かわいがるだけでなく、デンタルケアもしっかり行なってください。

成人で歯磨きをしない人はいないと思います。回数や時間は人それぞれですが、猫と同じように人間も歯周病になりやすいのです。

厚生労働省が３年ごとに行なっている「令和２年（2020）患者調査」では、「歯肉炎及び歯周疾患」の患者数は約398万3,000人（男性：約162万1,000人、女性：約236万3,000人）で、全人口の３〜４％にあたります。実際にはもっと多いと推測されます。65歳以上の人の割合は、さらに高くなります。**歯磨きやデンタルケアは、猫を反面教師にして、定期検診による歯周病予防を心がけましょう。**

ここで、高齢者特有の問題が発生します。

長年かかりつけの歯科医院があっても、家から遠かったり、クリニックの入口に階段があるなどの理由で、つい歯科受診をためらってしまうのです。痛みが出たり、入れ歯が合わない、口臭がひどいなどの症状がなければ、どうしても後回しになるのが歯科受診です。糖尿病や高血圧症、整形外科など、ほかの医療機関にかかる頻度が増えて、そちらを優先してしまう傾向もあります。

　こんなとき、訪問歯科診療が便利です。訪問歯科診療とは、歯科医が専用の機材を持参し、自宅や介護施設に出張して治療を行なってくれるものです。ただし、高齢や障害が理由で、外来受診ができない人が対象です。単に、「行くのが面倒だから」という理由では

◆訪問歯科診療とは◆

ー訪問歯科診療とはー
「訪問歯科診療」とは、自宅で療養中の方や施設に入所中の方、病院に入院中の方など、歯科医院に通院できずに困っている方を対象に、歯科医師や歯科衛生士が自宅や施設・病院等に訪問して治療やケアを行うことをいいます。

出典：栃木県歯科医師会ホームページ

対象になりません。

　高齢者の場合は、一度作成した入れ歯が、歯肉がやせたことで隙間ができ、そこに食べかすが入って痛い、ということがよくあります。訪問歯科診療では、こうした入れ歯の修整や新たな作成のほか、虫歯の治療、歯垢の除去、抜歯なども対象です。レントゲン撮影もできます。つまり、外来で受ける治療のほとんどを、自宅で受ける

ことができます。このほか、定期的な検診なども受けられます。

　まずは、親のかかりつけの歯科医院が訪問歯科診療を行なっているか確認してください。行なっていれば、そこから来てもらうのがよいでしょう。ただし、歯科医院から自宅までの距離が16km以内であることが条件です。行なっていない場合は、地元の歯科医師会などで訪問してくれる歯科医院を紹介してもらいましょう。インターネットで「訪問歯科　○○市」と検索して調べることもできます。

　治療費は、自己負担が１割で、入れ歯作成で４回の診療が必要だとすると、16,000円から18,000円（１回あたり約4,500円）が目安です。治療内容によって異なりますので、詳しくは歯科医やケアマネジャー、包括センターに相談してください。

すぐできること

◆日頃から親の口腔ケアを気にかけよう

◆歯科の定期検診を受けよう

◆受診できない場合は、訪問歯科診療を利用しよう

 ニャンポイントアドバイス

飼い主さんがときどき歯磨きしてくれるけど、どうしてもイヤイヤしてしまうんだ…。歯周病はいつの間にか歯がぐらぐらしてきて、気がついたら歯を抜くことになるから、そうなる前にしっかり手入れするよう親を説得してね！

09 窓辺で外を眺めるのが日課
日向ぼっこでセロトニンを充電 見習う

　猫と言えば、窓辺にたたずんで外の景色を眺めている姿が定番ですね。室内飼いの猫でも外の様子が気になるようです。これも野生時代の名残で、自分のテリトリーである我が家に、侵入者が入って来ないか見張っているのです。

　この姿が、周囲を監視する警備員に似ていることから、愛猫家の間では「ニャルソック」と言われています。実在するホームセキュリティ会社になぞらえて命名された造語です。それなら、ズバリ「ネコム」でもよさそうですが、勝手に推測すると、言葉の響きから「寝こむ」を連想してしまい、警備員が寝込んでしまっては仕事にならないので、「ネコム」は却下されたのでしょうか？

　窓辺で外を眺めながら、寒がりの猫は冬場、暖を取っています。「縁側で猫と日向ぼっこ」というのが、昭和時代のお年寄りのイメージでした。最近は縁側のある家が減ったことから、暖房の効いたリビングで猫と戯れるのが、お決まりとなりましたね。

　太陽を浴びることは、脳内の神経伝達物質・セロトニンを増やすことにつながります。セロトニンは「幸せホルモン」とも呼ばれ、怒りや焦りなどの感情を抑制して、精神を安定させる作用があります。このため、セロトニンが不足すると感情が不安定となり、ストレスを感じやすくなります。また、この状態が続くと、うつ病にな

る可能性もあります。ちなみに、医療機関で処方される「抗うつ剤」は、セロトニンの分泌を促進する作用があります。

　セロトニンは、朝日を浴びることで網膜が刺激され脳内で分泌されます。朝起きたら庭やベランダに出て、朝日をしっかり浴びるよう親にすすめましょう。朝の散歩なども効果的です。外に出るのが難しい場合は、日の当たる窓際で日光を浴びるだけでも大丈夫です。
　日向ぼっこで猫の脳内でセロトニンが増えたという研究データはありませんが、**猫を見習い、親には窓辺で猫と一緒に朝日を浴びてセロトニンを脳内に取り込んでもらいましょう**。春から夏にかけては紫外線が強くなるので、紫外線対策は忘れずに行なってください。
　また、セロトニンは必須アミノ酸である「トリプトファン」というたんぱく質でつくられます。このトリプトファンを多く含む食品は、豆腐や納豆などの大豆製品、牛乳やヨーグルトなどの乳製品、米などの穀類です。これらの食物を意識して摂ることで、セロトニンを増やす効果があります。

　丸賀笹江さん（65歳、女性、一人暮らし）は、若いころから悩みやすい性格で、夫を亡くした喪失感から、うつ病にかかってしまいました。しばらく心療内科を受診し、セロトニンの分泌を促す抗うつ剤を処方され、服用していました。
　薬の効果で、ひどく落ち込むことはなくなりましたが、薬の副作用でボーっとしたり、集中力が続かないという症状に悩まされていました。そこで主治医と相談して、抗うつ剤を段階的に減らし、その代わりセロトニンの分泌を促す朝のウォーキングと食事療法を始めることにしたのです。
　食事療法は、トリプトファンを多く含む食事づくりを心がけ、朝

はご飯と納豆、冷ややっこなどの大豆製品を摂るようにし、昼はうどんやパンなど簡単なもので済ませ、間食にヨーグルト、夜は民間の配食サービスを利用することにしました。配食サービスはおかずのみで1食490円。毎日となると経済的には負担ですが、健康には代えられないと考え、栄養バランスの取れた宅配を頼んでいます。

　笹江さんの愛猫は4歳の男の子で「マル」。丸くなって寝る姿に癒されるから名付けたそうです。一人暮らしの寂しさを紛らわすために、家族として迎え入れました。笹江さんは、「主人を亡くして、一人で生きていくのがとても不安でしたが、マルが支えてくれました。この子の世話が、私の生きがいになっています」と話しています。

　あなたの親がもし笹江さんのような境遇だったら、「セロトニンの充電」と「トリプトファンの摂取」を提案してみてください。

すぐできること

◆朝日を浴びてセロトニンを増やそう
◆積極的にたんぱく質を摂るよう促そう
◆宅配弁当の利用も検討しよう

見習ってね！

ニャンポイントアドバイス

窓辺は外がよく見えて居心地がいいの。よく外に出たくて眺めていると思われるけど、そうではないよ。でも、飼い主さんは、朝の散歩に出るとセロトニンが増えていいみたいだから、すすめてあげてね！　その間、ニャルソックしているから、帰ったらニャン歩あるいたか教えてね！

第**4**章

にゃんとも活発な猫の世間付き合い
〜猫から学ぶ高齢者の「社会生活」〜

　都市部では家飼いが主流ですが、地方ではまだまだ外飼いの猫もたくさんいます。高齢期の親は、どうしても家に閉じこもりがちになりますが、「地域社会でいかに活動するか」が心身の健康を維持するために不可欠です。

　第4章では、外飼いの猫の習性から、親の生活を振り返ってみましょう。意外なヒントがあるかもしれません。

縄張りへの侵入を嫌う

高齢期の居場所と仲間づくりは大切 反面教師

62ページでも紹介しましたが、猫は居心地がいい場所を好みます。夏は風通しがよくて涼しい場所、冬はこたつの中や毛布の上など。また、高いところも好きですね。

室内飼いの猫は、飼い主の家の中が縄張りです。このため、暇さえあれば窓辺で外部からの侵入者がいないか、「ニャルソック」をしています。

そこに、飼い主が別の猫を連れてきたりすると、先住猫としては「自分の縄張りによそ者が侵入した」と、しばらくは様子見をします。しかし、飼い主が共通なので敵とは思わず、次第にじゃれあったりして家族の一員になっていきますが、警戒心が強いので、慣れるまで時間がかかるかもしれません。

猫の縄張り主張は反面教師にして、高齢期は仲間をつくり、新たな世界を広げましょう。

縄張りというと語弊があるかもしれませんが、自分の世界に閉じこもらず、外に気持ちを向け、親が「居心地がいいと感じる場所を地域につくる」ということです。このためには、同世代の人たちとの仲間づくりを親に働きかけましょう。

戦後の1947〜1949年（昭和22〜24年）生まれの団塊世代の人たちが、全員75歳以上になるのが2025年（令和7年）。75歳以上になると、医療・介護のニーズが高まり、需要に対して供給が追いつかないという問題が懸念されています。

　団塊の世代で、高齢期の仲間づくりを通して、できるだけ医療・介護サービスを受けないで済むような健康づくりと仲間づくりを実践している人を紹介します。

　1947年（昭和22年）生まれの堺屋大地さんは、65歳で定年退職後、自分の住む地域で何かできないかと地元の社会福祉協議会が主催した「まちづくり講座」を受講。その修了生数人で、「わが町知り隊」というサークルを発足させました。

　活動内容は、サラリーマン時代は地元のことを知ろうとしなかった反省から、毎月発行される地元の広報紙を持ち寄り、気になった話題について自分たちで足を使って調べる、というものです。

　代表の堺屋さんは、「同世代の仲間の存在が大きい」と言います。「いまは自分のことを自分でできていますが、いつ自分が入院したり、

介護が必要な状態になったりするか、わかりません。いまのうちから、仲間と地域で助け合う仕組みをつくりたいですね」と話しています。

　今後は、一人暮らし高齢者のちょっとした困りごと、たとえば電球の交換や重いものの買い物、ふとん干しなどを有料で代行する事業を立ち上げたいとのことです。

　いくつになっても、新しいことにチャレンジしたり、新たな出会いを求めることは、脳の活性化につながります。あなたの親にも、同世代の人との仲間づくりをすすめてください。自治体の広報紙などで「仲間募集」などの記事があったらチェックして、「お父さんが好きそうな『郷土の歴史を学ぶサークル』だって。参加してみたら？」などと背中を押してあげてください。

すぐできること

◆ 親の交友関係に関心を持とう
◆ 居場所づくりを親に働きかけよう
◆ 新しい仲間づくりをすすめよう

ニャンポイントアドバイス

ワタシたちは「ぼっち」だから、ほかの猫と一緒に行動することはないよ。でも飼い主さんは、ワタシたちをかわいがるだけでなく、新しい仲間もつくってね。「ねこ友」ができるとうれしいニャー！

元野良猫の町内パトロール活動

一緒に散歩で有酸素運動 　見習う

YouTubeの「元野良猫チャチャとRme」は、チャンネル登録者数約42万人の人気ネコ動画チャンネルです。チャチャは去勢されたオスの地域猫でしたが、Rmeさん一家が飼い猫として迎え入れ、日々の生活動画をアップしています。

あるとき、Rmeさんの小学生の娘さんが、近所に住みついている地域猫のチャチャと出会い、首輪に「チャチャ」「迷子猫 飼い主さん募集中」のネームプレートがついていたことから、Rmeさん一家で飼うことになったのです。

地域猫として生きてきたチャチャが、家猫として慣れるまでには、それなりの葛藤があったそうです。地域を縄張りとしていたチャチャが家猫になると、自分の縄張りを捨てることになります。でも、縄張りのことが気になります。このため、家猫になってからも、毎日「地域のパトロール」と称して地域を見守る、チャチャの散歩生活が始まりました（「猫びよりプラス」より）。

最近では、猫は家飼いが基本で、室外には出さないという考えが定着しています。しかし、元ボス猫のチャチャは、すでに地域に縄張りが広がっているため、縄張りのことが気になるのです。

そこで、Rmeさんはハーネスを装着して、チャチャを散歩に出すようになったのです。武将のように凛々しいチャチャは、自分の城（飼い主の自宅）の周りに侵入者（知らない猫）がいないか、得

意の嗅覚を活かして城の周囲を一回りしたあと、城下町（隣近所）のパトロールに行きます。

**　ここで高齢の親に見習ってほしいのは、これまでにもお伝えしている通り、チャチャのように１日１回は外出することです。**

　ウォーキングは有酸素運動のひとつで、血液の循環を促して基礎代謝を高める効果があります。30分程度がよいと言われていますが、ウォーキングの時間が取れなければ、コンビニやスーパーに買い物に行ったついでに足を伸ばし、30分程度歩いて帰ってくるのでもかまいません。

　親には「お母さん（お父さん）、今日外出した？」と電話やLINEで確認しましょう。ここでポイントとなるのは、毎日少しルートを変更することです。新しい景色を見ることで脳に刺激を与え、認知症予防につながることが期待できます。

　ウォーキングを取り入れて、いきいきと一人暮らしをしている人を紹介します。満保恵さん（73歳、女性）は、半年前に夫を脳卒中で亡くし、しばらくふさぎ込んでいましたが、近所の知人に誘われて、ウォーキングを始めました。

　毎朝約30分がウォーキングを無理なく続けられるいい時間だと言います。歩き始めて20分経つと、脂肪の燃焼が始まるので、ダイエットにもいいそうです。米国の専門家による研究では、30分で約3,000歩程度のペースで歩くのが理想とのこと。これは、やや早歩きで、少し息が上がる程度です。

　満保さんは、「長年車を運転してきたので、免許証を返納してから、自転車や歩くことの楽しみを知りました。通り慣れた道でも、車で素通りするのと、景色を楽しみながら歩くのとでは随分違いますね。

お友だちとのおしゃべりも楽しいですよ」と話しています。

　なお、誤解のないように言っておきますが、高齢の親の外出のために、室内飼いの猫を外に連れ出すことはしないでください。
　室内飼いの猫は、飼い主の家の中が縄張りなので、むやみに外の世界を知らないほうがいいのです。外の世界を知ってしまうと、縄張りが広がったと思い、脱走しようとして、ストレスを与えてしまいます。
　また、交通事故に遭う危険性もありますので、室内飼いの猫はくれぐれも外に出さないでください。

すぐできること

◆ 1日30分程度のウォーキングを親にすすめよう
◆ 車に代わる移動手段を提案しよう
◆ 外飼いなら、猫との散歩をすすめよう

見習ってね！

ニャンポイントアドバイス

満保さんは、ご主人を亡くしてから、お友だちとのウォーキングを楽しんでいるんだね。毎朝続けているなんてすごいな。
あなたの親も、日頃から頑張っていることがあると思うから、それを認めてあげてね。親を褒めると、何だか介護をしている自分も褒められた気がして、気持ちが楽になると思うよ！

03 ときどき家に帰ってこない
道に迷うようになったら認知症？ 反面教師

　都市部では、住宅事情などから猫は室内飼いが多いですが、地方では外飼いの家も少なくありません。いつもは縁側で昼寝したり、庭でバッタやトカゲを追いかけたりしていても、食事時になると、えさの置いてある場所に、しれっと戻ってきます。

　ときどき食事時になっても帰って来ないことがあり、「どうしたのかしら？　もしかして車に轢かれた？」などと悪い事態を想像してしまいます。そうこうしているうち、飼い主の心配をよそに、何事もなかったかのように帰ってきたりするのです。

　外飼いの猫は自分の縄張り内を自由に移動します。飼い主の家もよく覚えています。飼い主のほかにもエサ場を確保していて、いくつかのエサ場を渡り歩いている…なんてことも。でも、１週間も帰って来ないとなると、いよいよ心配になりますよね。最近は、猫専門の探偵社が、かなり高い確率で見つけてくれるそうです。

　実は高齢者の失踪や行方不明も増えています。いまや都市部、地方に限らず、防災無線などで「本日、午前９時ごろ、○○市××町付近で、83歳の女性が行方不明となっています」などと放送されることが日常茶飯事です。

　その多くが認知症を患っている高齢者で、何気なく散歩に出かけたものの、自分の家がわからなくなり帰って来ることができない。心配した家族が警察に捜索願を出す、というわけです。

　猫も家に帰って来ないと心配ですが、高齢者も生命にかかわるので、家族は最悪の事態を想像してしまいます。特に**夏場の日中は熱中症の心配があり、冬の夜は路上で凍死する可能性もあるので、家に帰って来ない猫を反面教師にして、対策を講じましょう。**

　警察庁が発表した「令和4年における行方不明者の状況」による

と、2022年（令和４年）行方不明者数は84,910人で、ここ数年はほぼ横ばいです。年齢層別にみると20歳代が最も多いですが、高齢者人口の増加を背景に70歳以上が増加傾向にあります。

　「原因・動機別」で見ると、「認知症やその疑い」が18,709人で全体の22.0％を占めています。なお、これは警察に届け出のあった数字で、実際の行方不明者はさらに多いことが予測されます。

　綱軽喜雄久さん(84歳、男性)も、行方不明になった一人です。綱軽さんは、70歳までビルの警備員として働いていました。物忘れなどの認知症状はあるものの足腰はしっかりしていて、朝晩の散歩を日課にしていました。

　ところがその日は、朝７時に家を出たきり、昼になっても帰ってきません。心配した家族が警察に連絡し、捜索願が出されました。さらに夕方になっても帰って来ないため、警察は県全域に捜索範囲を広めました。

　家族の心配もピークに達した午後８時過ぎ、綱軽さんはひょっこり帰ってきました。「どこ行ってたの？　心配したのよ本当に！」と奥さんは無事に帰ってきた安心感から泣き崩れてしまいました。

　綱軽さんは、現役時代に勤めていたビルに行って、不審者がいないか警備をしてきたというのです。元の勤務先は、自宅の最寄り駅から電車で３駅先でした。

　話を聞くと、朝の散歩の途中、知人と会い、昔話に花が咲いたそうです。過去の記憶がよみがえったことで神経回路がつながったのでしょう。もう10年以上も乗ったことのない電車に乗ろうと、一人で切符を買って改札を通過したのです。こうなると、昔の記憶がどんどんよみがえってきて、迷わず元の勤務先にたどり着いたそうです。

もし、あなたの親が徘徊する心配があれば、対策機器の導入を検討しましょう。

　要介護2以上の認定を受けていれば、介護保険の福祉用具貸与で総額の1〜3割負担で徘徊探知機器がレンタルできます。徘徊探知機器は、親がベッドから床に足を下ろしたり、自宅から外に出る際にセンサーが感知し、アラームで知らせてくれます。

　また、介護保険の対象外ですが、GPS機能付きの小型発信機を携帯してもらい、居場所を特定するという方法もあります。玄関ドアの内側に「徘徊防止鍵」を設置することも外出防止対策になります。

　自治体によっては、徘徊対策機器の導入に補助金を出している場合もありますので、ケアマネジャーや包括センター、各自治体の高齢者担当窓口に問い合わせてください。

すぐできること

- ◆ **外出から迷わず帰って来られるか、親に確認しよう**
- ◆ **徘徊対策機器の活用を検討しよう**
- ◆ **外出時は携帯電話やスマホを親に持たせよう**

マネしないでね！

ニャンポイントアドバイス

飼い主さんが交通事故に遭ったり、行方不明になる前にできる対策をしておくようにしてね。不安やストレスをきっかけに徘徊してしまうこともあるから、集中できる作業や適度な運動、楽しめる趣味なんかを見つけるのもいいみたいだよ。ボクとたくさん遊ぶっていうのもいいんじゃニャい？

獲物を捕まえたら飼い主に見せる

褒めてもらいたいのは親も同じ 　見習う

　家飼いの猫では見ることはできませんが、田舎で自由に家の内外を往来する猫は、よくカエルやヘビを捕まえては、「獲ったどー、すごいだろ？」と言わんばかりのどや顔で、飼い主に報告に来ます。

　これは、「飼い主に捕獲の仕方を教えている」という説が有力です。そもそも猫は飼い主のことを、「狩りができない大きな子猫」と思っているらしいのです。このため、親猫が子猫に狩りを教えるように、飼い主にも狩りの仕方を教えているのだそうです。そう思えば、捕まえた小動物を半殺しの状態で持ってきて、飼い主の前で仕留めるのも納得がいきますね。

　ところで、人間の親子関係はどうでしょうか？

　親が若いころは、子どもを育て、やがて子どもは成人して独り立ちします。子どもの成長とともに親は次第に衰えていき、いつしか親子の役割が逆転します。今度は子どもが親の面倒をみる順番になり「親孝行」や「親の介護」が始まります。

　同世代の友人との何気ない会話でも、「親が入院して、退院したけど介護が必要な状態になってしまって…」「一人で生活するのは無理だから、早めに介護施設を考えようと思うの…」などの言葉が増えるようになります。

　話を聞いたほうは、「そう、それは大変だね」などと相槌を打っていますが、「うちの親はまだ2人とも健康だから大丈夫」「うちの

親に限って、介護とは無縁」などと、期待を込めた根拠のない自信を持つものです。

　親は親で、年老いたら「できるだけ子どもの世話にはなりたくない。迷惑をかけたくない」と思っています。「年老いたことを子どもに悟られたくない、いつまでも元気な親子の関係でいたい」と考えます。このため、認知症が進行して身のまわりのほとんどのことを子どもやヘルパーに依存する状態になっても、まれに神経回路がつながり、「おまえ、まだ結婚しないのかい？」などと親らしいことを口走る瞬間があるのです。

　今日が何月何日かわからなくても、さっき食べたことを忘れたとしても、親としての威厳は残っています。もし親が認知症になったとしても、こうした親の気持ちは最大限に尊重してあげましょう。

　飼い主が愛猫を「うちの子」と呼ぶように、猫も飼い主のことを「狩りができない大きな子猫」と思っているのです。**猫の親心を見習い、自分の親もあたたかく見守り、褒めてあげましょう。**

　ただ、ひとくちに「親を褒める」と言っても、照れくさいし、どう褒めていいか見当がつきませんよね。そこで、親がいまの状態を維持していることを、そのまま肯定してあげたらどうでしょうか？

　たとえば、

　「お父さん、よくこの年まで入院もせずに健康でいられたね。すごいよ！」

　「お母さん、私が子どものころから手芸を趣味にしてきたから、もう50年だね！」

　「まだ○○さんとは、ときどき会っているんだって？　もう何十年の付き合いになる？　いい友だちを持って幸せだね」

などです。

これも、いきなり面と向かって言うのは照れるので、何かの会話のついでに言えるように、頭の中でフレーズをストックしておくのです。そして、関連する話題になったら、それを取り出して言ってみましょう。少し勇気がいりますが、褒められた親も悪い気はしないので、そこから会話が発展するかもしれません。

褒められてうれしいのは誰でも同じ。親を褒めることで気持ちに余裕が出てきます。子どもに褒められたことで、神経伝達物質のドーパミンが分泌されて、新たな意欲が湧いてくるかもしれませんね。

すぐできること

◆友人の親の話は自分事として受け止めよう
◆たまには親を褒めてあげよう
◆日頃から褒め言葉をストックしておこう

見習ってね！

ニャンポイントアドバイス

褒め言葉が思い浮かぶってことは、それだけ親と向き合っている証拠だから、親孝行だね！　親もきっとあなたのことをありがたいと思っているはず。もし、お礼の気持ちとしてお金を渡されたら、ありがたく受け取ってね。親もそのほうが気持ちいいはずだから。

猫は集会が好き？

仲間の存在が高齢期を彩る　見習う

　猫との暮らしを応援する専門情報サイト「ねこちゃんホンポ」によれば、猫の集会とは、特定の場所に数匹から数十匹の猫が集まることを言い、2〜4m程度の距離を保ちながら円を描いて座って過ごします。場所は、あまり人が立ち入らない神社や駐車場、公園などで催されているそうです。あくまでも仮説の段階ですが、猫の集会は以下の理由が考えられています。

▶1．顔合わせ

　同じエリアで過ごす猫が定期的に集まることで、序列が乱れていないか、新参者がいないかなどを確認する。

▶2．子猫や高齢猫を守るため

　集会を開くことで、エリア内の子猫や高齢猫の数を把握し、いざというときに守る。

▶3．情報交換

　自分たちが暮らすエリアで猫の不審死がないか、危険な人物がいないかなどの情報交換をしている。

▶4．猫のママ会

　子猫は同年代の猫とじゃれ合うことで社会性を身につけるため、子猫同士が自由に遊べるようママ友同士の集まりをしている。

▶5．暑さから身を守る

　涼しい場所を求めた結果、集会のように猫が集まってしまう。

第**4**章
にゃんとも活発な猫の世間付き合い　〜猫から学ぶ高齢者の「社会生活」〜

このうち、**1の「顔合わせ」は、親に見習ってもらいましょう。**
高齢になると、気心の知れた仲間同士が、月1回でも顔を合わせて
世間話をすることで、「今月も健康で会うことができた」というお
互いの安否確認ができます。猫の集会のように、序列が乱れたかど
うかを気にすることはありません。

　**2の「子猫や高齢猫を守るため」や3の「情報交換」も見習いま
しょう。**「この前、初孫が生まれた」「95歳の母を看取った」など、
家族にまつわるエピソードを披露し合い、高齢期特有の「あるある」
を共有することで、親同士の共感意識が芽生えます。

　4の「猫のママ会」は、高齢の親には直接関係しませんが、特に
男性は会社を退職し、年金生活になると、とたんに老け込む傾向が
ありますので、社会性を維持することが重要です。会社のOB会や
地域のサークルなどに参加して「所属欲求」が満たされるよう、親

に働きかけてください。

5の「暑さから身を守る」は、近年の夏は全国的に異常な暑さなので、避暑として地域の図書館や公民館など公共施設で過ごすよう、親にすすめてください。自宅の電気代を節約することができて一石二鳥です。これも大いに見習いましょう。

なお、生物学者で猫研究の第一人者である山根明弘さんは、猫がグループを結成したり、メス猫同士が協力し合って子育てしたりすることを、猫島（福岡県・相島）で実証しています。

親の日常生活を詳細に把握するのは難しいことです。特に離れて暮らしていて、ときどき会う程度の関わりならばなおさらです。

しかし、これまでにもお伝えしているとおり、自宅以外の公民館や趣味のサークルなどで同世代の仲間と会話したり交流することで、さまざまな情報交換や仲間づくりができますので、「猫の集会」を見習い、親にも人の集まりに参加するよう働きかけてください。

すぐできること

◆ 定期的に集まる場を設けよう

◆ 高齢期の「あるある」を仲間と共有してもらおう

◆ 夏の暑さから親の身を守ろう

見習ってね！

ニャンポイントアドバイス

外飼いのボクらも、基本的には単独で行動するけど、たまに縄張り内の仲間と顔を合わせているよ。顔なじみと会うと安心するんだ。仲間との定期的な顔合わせは、飼い主さんにとっても大事だから、人前に出るようすすめてね。

06

町ぐるみで支える「地域猫活動」

地域包括支援センターとつながろう　見習う

　野良猫が引き起こす問題は、地域住民を悩ませています。かわいそうだからと野良猫にエサをあげる人がいると、野良猫の繁殖を助長します。野良猫が家の庭にフンをしたり、盛りの時期になると夜中にうなり声をあげたりと、住民にとっては頭が痛いですね。

　野良猫を野放し状態にすると、ネズミ算式に子猫が増え、結果的に殺処分をせざるを得なくなります。猫は繁殖能力が高く、メス猫は生後6か月で妊娠・出産が可能となり、1回の妊娠で3～5匹出産します。生涯で10～15回妊娠するので、メス猫1匹から30～75匹の子猫が増える計算になります。

　地域猫活動は、野良猫の数を減らすことで、野良猫が起こす問題を解決し、人と猫が住みやすい社会をつくることを目的としています。**地域猫活動の取り組みは、自宅で暮らす高齢者を地域全体で支えるという考えにも共通しますので、親の生活でも見習いましょう。**

　国は、約800万人いる団塊の世代が全員75歳以上となる2025年（令和7年）をめどに、介護が必要な状態になっても住み慣れた地域で自分らしい暮らしを人生の最後まで続けることができるよう、住まい、医療、介護、介護予防、生活支援が一体的に提供される「地域包括ケアシステム」の構築を目指しています。

　その中核を担うのが、すでに紹介した、自治体が設置する包括センターです。包括センターは、地域の高齢者の総合相談、権利擁護

◆地域包括ケアシステム◆

介護・
リハビリ
テー
ション

医療・看護　　保健・福祉

介護予防・生活支援

すまいとすまい方

本人の選択と本人・家族の心構え

出典：平成28年３月　地域包括ケア研究会報告「地域包括ケアシステムと地域マネジメント」

や地域の支援体制づくり、介護予防に必要な援助など、高齢者の保健医療の向上や福祉の増進を目的とした機関です。保健師、主任ケアマネジャー、社会福祉士などが配置され、2023年（令和５年）４月末現在、ブランチ（支所）を含め全国で7,397か所設置されています。

　サッカーでは、「攻撃は最大の防御なり」と言われています。もともとは中国古典「孫子の兵法」からの引用ですが、サッカーでは攻め続けることで相手に攻め入るスキを見せないというのが最大の防御になり、失点をしないことにつながる、と言われています。

　長年住み慣れた地域で親が生活していく場合も、この格言が生きてきます。何も対策を講じなければ、年を取って足腰が衰え、病気になりやすく、隣近所との付き合いがないと、いざというときに救急車も呼んでもらえず、手遅れになることがあります。サッカーで

言えば、防戦一方の状態です。

　これに対し、心身機能が低下するのを年のせいにしてあきらめるのではなく、自ら進んで運動したり、食事内容の改善などで病気にならない、介護を必要としない体をつくる。介護予防教室やサロン活動に参加し閉じこもりを防ぐ。災害時に取り残されないよう、日頃から生活状況を民生委員に伝えておくなど、地域に親の存在をアピールする。このような「介護予防」という攻めに転じるのです。

　取っ掛かりとしては、親の住所を管轄する包括センターとつながることです。連絡先は、役所の高齢者担当窓口で親の住所を言えば教えてくれます。包括センターに連絡する際、親が一人暮らしであること、または高齢世帯であることを伝え、離れて暮らすあなたの連絡先も伝えておきましょう。

　できれば、包括センターの担当者と一度会っておくとよいでしょう。こうして受け付けをしておけば、センターに登録されますので、いざというときすぐに役立ちます。

すぐできること

◆できるだけ地域の人や団体とつながろう

◆親自身も進んで健康を維持しよう

◆包括センターの担当者と会っておこう

見習ってね！

ニャンポイントアドバイス

ボクたち野良猫も、人と一緒に生きていきたいから、できるだけかわいがってもらうよう努力するよ。だから、飼い主さんも、一人で頑張るだけじゃなくて、地域のいろんな人とつながってね。親の存在を、包括センターに伝えることが大事だよ！　掛け金のいらない保険に入る感覚で包括センターとつながってね。親も安心すると思うよ！

07

「猫カフェ」に学ぶ「認知症カフェ」

居心地のよさを体験しよう　見習う

「猫は好きだけど、賃貸住宅やペット禁止のマンションなので飼うことができない。飼育が大変。でも、猫と遊んだり戯れたい」

こんな人たちのためにあるのが猫カフェです。猫カフェでは、数匹から十数匹の猫が、自由に過ごしています。多くの場合、人慣れしていて、お客様を歓迎してくれます。

猫カフェは、1988年（昭和63年）に台湾にオープンした店が発祥と言われ、国内では2004年（平成16年）に大阪市北区に開店した「猫の時間」が1号店です。最近は漫画を揃えたり、パソコンで作業ができるスペースを設けたりする猫カフェも増えていて、長時間滞在することが可能なところもあります（「猫カフェ ナビ」より）。

同じカフェでも、「認知症カフェ」というのがあります。これは、認知症の人やその家族が気軽に立ち寄り、自由に集えるサロンです。本人や家族の孤立を防ぎ、認知症への理解を深め、地域で見守り支え合うことを目的にしています。

認知症カフェは、1997年（平成9年）に認知症ケア先進国であるオランダの「アルツハイマーカフェ」から始まり、ヨーロッパを中心に広がりました。

日本では、2012年（平成24年）から国の認知症施策のひとつとして普及が始まりました。2015年（平成27年）に国が「認知症施策推進総合計画（新オレンジプラン）」の中心施策として位置付け、全

第4章　にゃんとも活発な猫の世間付き合い ～猫から学ぶ高齢者の「社会生活」～

国すべての自治体での設置を目標に掲げたことで急速にその数が増え、2022年（令和4年）現在、全国1,563市区町村に8,182か所あります。自治体によっては「オレンジカフェ」などと呼んでいます。運営主体は、包括センターや介護福祉施設などです。

　猫カフェとの共通点は、参加者にとって「居心地がいい」ということです。猫カフェは、猫の好きな人が、猫とのふれあいを求めて訪れます。

　認知症カフェも、認知症の人やその家族が、人とふれあうことで癒され、「ここに来てよかった」という居心地のよさを実感できます。**猫カフェのまったりした雰囲気を見習い、認知症カフェを大いに活用しましょう。**

　実際に認知症カフェに通っている人を紹介します。喫茶純さん（80歳、男性）は、奥さんの茶話さん（77歳、女性）と一緒に、自宅から歩いて15分程度の介護施設の1階で開いている認知症カフェに月2回通い始め、すでに2年になります。

　内容は、軽い体操をしたあと、お茶やコーヒーなどをボランティアのスタッフが出してくれ、テーブルを囲んだ人たちと世間話をします。参加費は1回200円。無料だと気が引けるけど、「負担にならない程度の有料」という条件を気に入っていると言います。

　純さんは、大手商社に勤務していて海外赴任も長く、65歳で定年退職しました。75歳を過ぎたころから記憶障害や被害妄想などの認知症状が出て、茶話さんは対応に困ったそうです。介護保険を申請して要介護1の認定を受け、デイサービスに通い始めましたが、「こんな子どもじみたところ、オレは行かない」とやめてしまいました。

そんなとき、担当ケアマネジャーから認知症カフェを紹介され、2年前に初めて参加したそうです。最初、純さんは「また幼稚園児みたいなことをさせられるのか」と疑心暗鬼だったそうです。

しかし、認知症カフェは自由な雰囲気で、若いころの海外勤務の話などおしゃべりして帰るので、純さんいわく「仰々しさがない」のが気に入ったそうです。

時間は午後2時から4時まで。この前は「海外赴任のときの話をしてほしい」とスタッフから頼まれ、アフリカのケニア滞在中のことをみなさんの前で話したそうです。このように、参加者が主体となることも認知症カフェの特徴です。

このほか、純さんが通う認知症カフェでは、理学療法士が転倒予防体操を指導したり、看護師が地域の発熱外来を紹介したりと、日

常生活に役立つ情報が得られ、茶話さんは、「夫も気に入ってくれているし、私もいろんなことを知ることができて、息抜きにもいい場所だと思います」と喜んでいます。

　あなたの親に、物忘れなどの症状が出始めたら、早めに主治医や専門医を受診することはもちろん大切ですが、地域の認知症カフェを利用することも、家族の役割として考えてみてください。純さんのように意外な出会いがあり、医療とは別の効果が期待できるかもしれません。
　認知症カフェの場所は、包括センターや役所の高齢者担当窓口に聞けば教えてくれます。

すぐできること →

◆親が認知症になっても、できることに焦点をあてよう
◆親と一緒に認知症カフェをのぞいてみよう
◆認知症カフェのスタッフになってみよう

見習ってね！

ニャンポイントアドバイス

猫カフェで働く仲間に聞いた話だと、お客さんが癒されているのを見ると、疲れも吹っ飛ぶらしいよ！
認知症のある人だけでなく家族や地域の人も楽しめるところみたいだから、親を「認知症カフェ」に誘ってみたら？　情報交換したり、相談したり、息抜きになるみたいだよ！

08

野良猫の住宅事情

65歳以上の専門不動産会社「R65」とは？ 反面教師

　ある調査によると、野良猫は日本国内に約100万匹いると言われています。近年は地域猫活動が各地で盛んに行なわれていることもあり、野良猫の数は減少傾向ですが、それでもすごい数ですね。飼われている猫の数が、約883万7,000匹（一般社団法人ペットフード協会「2022年（令和4年）全国犬猫飼育実態調査」より）ですから、日本に生息する猫の約1割が野良猫というわけです。

　では、野良猫は夜どこで寝ているのかというと、公園のベンチの下や草むらの中、建物と建物の隙間などを探して寝ているようです。野生動物の本能として、居心地のいい場所を探すのは得意です。

　なぜ、野良猫の寝床について話をするのかというと、高齢者もアパートなどの賃貸住宅を探すのに苦労しているからです。新たにアパートの賃貸契約を希望しても、高齢者の一人暮らしは家主から断られるケースが多いです。いくら保証人がいるからと食い下がっても、「認知症になって火を出したり、孤独死でもされたら…」という家主の心配が先に立ち、高齢者の住まい探しの大きな壁になっています。

　公営住宅もすぐに入居できるとは限りません。また、長年住み続けたアパートが、建て替えのため入居者と契約更新をしないので、「○月までに出て行ってほしい」という立ち退きや、家主の高齢化で跡

を継ぐ親族もいないため、アパート経営を廃業するといったことも増えています。

　こうした事情もあり、高齢者の住まい探しは深刻な問題となっています。**野良猫の寝場所探しを反面教師にして、高齢者の生活基盤である「医・食・住」のうちの住まいをしっかり確保しましょう。**

　そこで、高齢者が安心して生活できる賃貸住宅として「サービス付き高齢者向け賃貸住宅（サ高住）」が制度化されています。サ高住は、「安否確認」と「生活相談」というサービスが付いたバリアフリー住宅ですが、外観は介護付有料老人ホームと違いがないため、サ高住を介護付有料老人ホームと勘違いして入居を決める家族がいます。サ高住の「サービス付き」は、「介護サービス付き」ではなく、前述した「安否確認」と「生活相談」のサービスが付いていることを言います。親の入居を考えている方は、施設の設備や、受けられるサービスをよく確認しましょう。

　入居にあたっては、建物の運営会社と賃貸借契約をします。これは、通常のアパートや賃貸マンションと同じです。もし入居後に介護サービスが必要になったら、個別に介護サービス会社との利用契約が必要となります。

　多くのサ高住が建物の１階や敷地内にデイサービス施設やヘルパー事業所を併設しているので、入居してすぐにデイサービスに通う人も少なくありません。中には、デイサービスの利用を入居条件にしているサ高住もありますので、入居時によく説明を受けてください。

　サ高住に入居するほどではなく、高齢者でも入居可能な一般の賃貸物件を探している人は、65歳からの部屋探しを専門に支援してい

る不動産会社「R65」を活用するとよいでしょう。

　代表取締役の山本遼さんは、以前勤務していた不動産仲介会社で、高齢という理由で契約を断られる実情を目の当たりにして、「高齢者でも入居できる物件を紹介しよう」と会社を立ち上げました。

　起業するにあたって影響を受けたのは、子どものころの祖母の姿だったと言います。薬剤師として76歳まで薬局を運営し、自立して生きていました。そんな祖母の姿を見て、「いつまでも自立した生活を送ってほしい」「高齢者が住む場所に困らないでほしい」という願いから起業したそうです。

　もしあなたの親が一人暮らしで、住む場所に困っている場合は、「R65不動産」のホームページ（https://r65.info）から物件を探してみてはいかがでしょうか。

　また、収入が基準以下で公営住宅への入居条件に該当する場合は、都道府県の住宅供給公社などに問い合わせてください。

すぐできること

◆ 安否確認が必要になったらサ高住の入居を検討しよう

◆ サ高住の入居契約時はサービス内容をよく確認しよう

◆ 民間の賃貸住宅探しは「R65」を活用しよう

マネしないでね！

ニャンポイントアドバイス

親が路頭に迷わないように、住む場所はきちんと探してあげてね！　もし、親がサ高住への入居を希望したら、契約には必ず立ち会って、詳しい話を聞いて納得してから入居契約をしたほうがいいよ。あとでトラブルにならないようにね！

09 猫は交通事故に遭いやすい

横断歩道を青信号で渡りきれなくなったら　反面教師

　室内飼いの猫を外に出さない理由のひとつに、車に轢かれて悲惨なことになる、という現実があります。

　路上での車による野生動物の死亡事故のことを「ロードキル」と言います。認定NPO法人「人と動物の共生センター」が、ロードキルについて調査した結果によると、2019年（令和元年）に野外で死亡した猫の数は推計28万9,572匹で、ほとんどが交通事故死です。一方、2019年（令和元年）に殺処分された数は2万7,108匹ですから、ロードキルは殺処分の約10倍です。

　ロードキルで命を落とすのは野良猫が大半を占めますが、室内飼いの猫が脱走して車に轢かれるケースもあります。猫は、車と遭遇すると恐怖で固まってしまい、逃げることができず轢かれやすいそうです。悲しい事故を減らすためにも、室内飼いの猫は、脱走防止用フェンスなどでしっかり守ってあげましょう。

　交通事故で悲しい思いをするのは、もちろん猫だけではありません。親が高齢になると、個人差はありますが歩行能力の低下により、いままで普通に青信号で横断できていた道路が、渡りきれなくなるという現実が起こります。これは、**命に関わる重要なことですので、猫の交通事故を反面教師にし、十分な対策が必要です。**

　たとえば、歩行者用信号が青で渡ろうとしても、どのくらい青が続くかわかりません。

「あと○秒」という表示や、電光掲示で残り時間を知らせてくれる信号の場合、残り時間が少ないときは無理せず次に青になるまで待ちましょう。多少時間がかかっても、命には代えられません。青信号が点滅し始めると、どうしてもあわててしまうからです。

青信号の時間は、横断歩道の長さ1mあたり1秒で計算されて点灯します。これは、信号が赤から青になり、青が点滅し始めるまでの時間です。つまり、20mの横断歩道なら20秒間、青が点灯しています。

しかし、この点灯時間は一般の人の平均移動時間から算出した時間であり、足腰が衰えた高齢者は、この時間内に渡りきれなくなります。4車線道路など、長い横断歩道を渡らざるを得ない場面では不安になりますよね。

警察庁が発表した統計によると、2021年（令和3年）に歩行中に交通事故で亡くなった人は全国で941人。うち65歳以上の高齢者が722人で、全体の76.7％を占めます。中でも道路横断中が521人で、全体の7割を占め、さらに横断歩道で亡くなった人は180人、近くの横断歩道を渡らずに亡くなった人は68人いたそうです。

地元の警察署に働きかけ、青信号の時間を延長する信号機の設置に成功した人を紹介します。

亀野あゆみさん（82歳、女性）は、民生委員を15年やっていましたが、脳梗塞になり、その後遺症で右半身マヒが残り、外出時は歩行杖を使っています。病気前に比べ、歩くスピードが半分程度に落ちました。それでも、「歩かないと歩けなくなる」をモットーに、毎朝30分、歩行訓練を兼ねたウォーキングをしています。

ある日、脳トレにいいからと、いつもと違う道を歩こうとして、

片側2車線の幹線道路を渡ろうとしたところ、青信号で渡りきれず、中央分離帯に取り残されてしまいました。次の青信号で渡りきれましたが、「渡りきれないのは自分だけではないはず」と、地元の自治会長に相談して、管轄する警察署に改善を求めたのです。

◆高齢者等感応信号機◆

出典：埼玉県警察ホームページ

その結果、青の点灯時間を一律に長くすると渋滞が発生する恐れがあるため、「高齢者等感応信号機（写真）」を設置してもらうことになりました。これは、ボタンを押すと信号が感知し、青の点灯時間が延長されるものです。

「年だから」とあきらめず、社会のしくみを変えていく取り組みも必要ですね。

あなたの大切な親が交通事故に遭わないために、親の歩行状態をあらためてチェックしてみましょう。最近、歩くのが遅くなったと感じたら、「お母さん（お父さん）、最近、足腰の衰え感じていない？ラジオ体操や介護予防体操を始めてみたら？」と提案してみましょう。

もしデイケアを利用していたら、担当の療法士に「うちの親、歩行状態はどうですか？」と聞いてみてください。すると、「以前と比べると、歩くスピードが遅くなってきましたね」などの答えが返ってきます。

それだけでなく、理学療法士や作業療法士などの専門職は、家族からの問い合わせにできるだけ応えようとするので、「歩行能力を

チカ
チカ
ピタッ

高めるメニューを考えてみますね」などと、新たな取り組みを考え
てくれます。

　また、訪問介護を利用していたら、担当ヘルパーに移動する際の
体の動きなどを聞いてみましょう。「できるだけご本人と一緒に動
作をするようにして、これからも転倒しないよう見守っていきます
ね」などの反応が期待できます。

　リハビリの専門職や介護スタッフは、家族からの問い合わせや要
望を受けると、やりがいを感じます。こうした心理も理解したうえ
で、介護スタッフとよい関係を築いていきましょう。

すぐできること

◆道路の横断は必ず横断歩道を渡ろう

◆渡りきれないと思ったら次の青信号を待とう

◆歩行能力を高める体操などをやってみよう

マネしないでね!

ニャンポイントアドバイス

悲しいことに、ボクたちの仲間がたくさん車に轢かれてしまっているん
だ…。お年寄りの事故も多いので、あなたの大切な親が事故に遭わない
ように、歩くスピードが遅くなったら、専門の人に相談してみてね!
ボクがすり寄ると飼い主さんがうれしいように、医療や介護に携わって
いる多くの人は、家族から相談受けると、仕事のモチベーションが上が
るみたいだよ!

第 **5** 章

にゃんとも興味深い
猫のことわざ・慣用句
～猫から学ぶ「介護のコツ」～

　猫にまつわることわざや慣用句は、江戸時代からたくさんあります。それだけ猫は、人の生活と密接に関わり、身近な存在でした。近年は、「癒し系ペット」としてその地位を確立したとも言われています。

　第5章では、猫にまつわることわざや慣用句、アニメのキャラクターなどから、親の生活に役立つ情報を紹介します。

「借りてきた猫」
初めてのデイサービスは緊張するもの

「借りてきた猫」とは、普段は騒がしい人が、新しい環境下ではおとなしくなるという意味です。猫は自分の縄張り以外の場所では、不安や緊張で固まったようになることから、この慣用句ができました。意図的におとなしくなることは、「猫をかぶる」と言いますね。

人間も同じです。普段おしゃべりな人でも、初めての職場では、緊張で無口になります。まさに「借りてきた猫」状態です。しかし、時間が過ぎお昼になるころには、だいぶ「自分らしさ」を発揮するようになり、お昼休みにひとしきりおしゃべりすると、午後からはとても初出勤とは思えないほど、すっかり周囲の人たちと馴染んでいる人がいます。こんな人は、もともとコミュニケーション能力が高い人なのかもしれません。

介護保険サービスを利用している方の男女比は3：7。約7割が女性です。通所施設（デイサービス、デイケア）の利用者の男女比も、約7割が女性。女性のほうが平均寿命が長く、人口が多いことが理由ですが、社交性が高いことも理由のひとつです。

初めてデイサービスに参加した推我好世さん（85歳、女性）は、初日をこんなふうに過ごしました。

家ではにぎやかに振る舞っている推我さんも、初日は「借りてきた猫」のように完全アウェー状態です。送迎バスから降りた推我さんは、テーブルに案内され、イスに座りました。知っている人が誰もいない不安は大きく、「なぜこの年になって、知らない人ばかりのところに行かないといけないの？」といった疑問や不安、不満が高まってきて、居心地の悪さを頭からつま先まで全身で感じていました。

そこへ、利用契約のため先日自宅を訪問した相談員さんが、声を
かけてくれました。「推我さん、今日からいよいよ利用開始ですね。
これからみなさんに紹介しますね」と言って、朝の会で推我さんを
紹介してくれました。

　自己紹介を求められた推我さんは、「推我と申します。今日から
お世話になりますので、よろしくお願いします。私は氷川きよしが
好きで、よくコンサートに出かけていました」と、やや緊張気味に
話しました。

　自己紹介が終わって席に戻ると、同じテーブルの白雲さんから、
「あら、私も氷川きよしのファンなんですよ。武道館のコンサート
も行ったんですよ」と話しかけられ、ようやくここで推我さんの緊
張がほぐれたのでした。

　どうやら、契約で自宅を訪問した相談員さんが、推我さんが氷川
きよしのファンだということを知り、同じく氷川きよしファンの白
雲さんと同じテーブルにしてくれていたのです。

　昼食後は、白雲さんとひとしきり氷川きよしの話題で盛り上がり
ました。推我さんは、「借りてきた猫」状態から解放され、帰りの
送迎バスの時間まで、「推し」の話題で持ち切りでした。

　このように、**初日は緊張しますが、利用に慣れてくると介護スタッフやほかの利用者との会話や交流が楽しみになります。**

　根拠となるデータはありませんが、私の肌感覚では、デイサービスの定着率は９割といったところでしょうか。つまり、10人中９人は、同じデイサービスに通い続けている、ということです。これは、デイサービス側の「高齢者に楽しんでもらい、通い続けてもらう」という受け入れ体制がしっかりしていることの裏返しです。

あなたの親には、「推し」がいますか？　「この年で『推し』なんて…」とあきらめていたら、「お父さん（お母さん）、『推し活』で気持ちがときめくと、ドーパミンが出て認知症予防になるらしいよ。それに新しい友だちができるかも」と、背中を押してあげましょう。もし推しのイベントが近くで開催される予定があれば、チケットを取って一緒に行くのもいいですね。

　いま「推し」がいなければ、昔ファンだった歌手や俳優のことを思い出して、映画やドラマを観たり、CDを聞き直すことでも、十分ドーパミンが出るようですよ。ぜひ、すすめてみてください。

> ## すぐできること
> ◆ **新しい環境にチャレンジしよう**
> ◆ **デイサービスの利用をすすめよう**
> ◆ **共通の趣味や推しで、新たな知人をつくろう**

ニャンポイントアドバイス

わかっていると思うけど、ワタシは気まぐれだから、いつも相手をしてあげるとは限らないよ。ニャンでかって言うと、一人でいるのが好きだから。でも、飼い主さんはワタシ以外に「推し」をつくって「推し活仲間」と盛り上がるよう、あなたからもすすめてね。

02

「猫の手も借りたい」

親の介護はチームプレーで

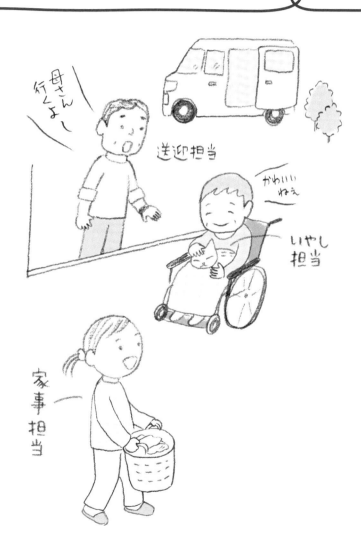

👤「ねえ、どうして私だけお母さんの介護を担わなきゃいけないの？　お兄ちゃんずるい。少しは手を貸してよ！」

　これは、80歳のお母さんを介護している青井吐息さん（52歳、女性）の悲痛な叫びです。

　吐息さんは独身で、お母さんは75歳のときに脳出血で倒れ、退院後は自宅で療養生活を送ることになり、お母さんの介護のために仕事を辞め、２年になります。青井さん宅の生活費は、10年前に亡くなったお父さんの遺族年金とお母さんの国民年金を合わせて月額約18万円です。

👤「吐息には、母さんの介護を押しつけるかたちになって、悪いと思ってるよ。でもオレだって家庭があるし、実家から車で２時間半も離れてるから、『何かしろ！』って言われても無理だよ！」

　長男の公平さんは、こう反論しました。

👤「じゃあ、介護にかかるお金を出してよ。いくら実家暮らしとは言っても、私、仕事を辞めてから収入ゼロで、お母さんの年金で暮らしてるんだよ。洋服だってもう何年も買ってないんだから…」
👤「わかったよ、介護に毎月いくらかかるんだ？」
👤「月３万円はかかってるよ！」
👤「じゃあ、毎月の介護費用はオレが出すから、それでいいだろ？」
👤「はあっ？　お金を出せばもうそれでいいって思ってるの？」
👤「でも、実際にはそれくらいしかできないよ、オレだって！」
👤「じゃあ、せめて月１回は実家に来て、お母さんの様子を見てよ」
👤「わかったよ、月１回は行くようにするよ」

👤「あと、お母さんの通院もお願いね」
👤「わかったよ」

　吐息さんのお母さんは、脳出血の後遺症で左半身マヒ、家の中は杖で移動できますが、外出時は車いすを使っています。このため、見守りや介護が必要です。最近は、物忘れなどの症状が出てきて、声かけや指示が必要になってきました。

　親の介護を誰が担うか、どこの家庭でも悩みのタネですね。親の介護は「猫の手も借りたい」ほど忙しく、子どもの間で不公平感が生じやすいものです。

　ちなみに「猫の手も借りたい」ということわざは、「非常に忙しくて、誰でもいいから手伝いがほしい」という意味です。

　かつて猫は、ねずみを獲ること以外は何の役にも立たない、という存在でした。そのような猫であっても、誰でもいいから手を借りたいというわけです。

　この「猫の手」というのは、万能なものではなく、実際にはあまり役立たないものを指しています。「誰でもいい」という意味に加えて、「役立たずでもいい」という意味も含んでいるので、「猫の手も借りたい」は人に直接言うと失礼に当たるので注意しましょう。まあ、猫に対しても十分失礼な言い方ですけどね。

　さて、親の介護は、吐息さんのように、どうしても同居者に負担が集中してしまう傾向があります。平等に親の介護を分担できればいいのですが、現実にはそうもいきません。

　冒頭のやりとりでは、母親の介護のために仕事を辞めた吐息さんが、「どうして自分だけ苦労しなきゃいけないの？　おかしいよ！

お兄ちゃんも、もっと協力してよ」と怒る場面でした。

　確かに吐息さんは親と同居し、生活費はお母さんの年金から支出していますが、同居となると、気が休まるときがありません。そんなイライラから、ついにお兄さんに対して、日頃の不満が爆発したのです。吐息さんのように日頃の不満を爆発させる前に、冷静に話し合うことが大切です。

　「猫の手も借りたい」ほど忙しい親の介護は、チームプレーで乗り切りましょう。ケアチームには、介護のプロにも当然関わってもらい、役割分担することが大切です。そのためには、まず親の介護生活に必要な事柄を書き出して、「見える化」することから始めます。
　吐息さんの介護内容を列記すると、こんな感じです。

▶１．日常生活・介護の負担
①**買い物、食事の準備、後始末**…同居家族がいるため、介護保険サービスは利用できない（基本的には、一人暮らし、高齢世帯で配偶者も障害がある、その他特別な事情がある場合に限定される）
②**洗濯、掃除などの家事全般**…上記に同じ
③**週３回デイサービスの送り出し、帰宅後の迎え入れ**…入浴の着替え準備や洗濯、デイサービスの連絡帳の確認なども必要になる
④**病院への付き添い**…月１回、車で送迎しているが、半日はかかる
　→今後は兄の公平が担当

▶２．事務的な負担
①ケアマネジャーとの連絡や訪問時の対応
②家計簿の記入
③預金通帳の記帳、入出金、各種支払い

▶ 3．経済的な負担

①**生活費**…母の年金から支出

②**医療費**…母の年金から支出

③**自分のこづかい**…いままでの蓄えと、母から世話代として月2万円をもらっている

④**介護サービス費**…母の年金から支出していたが、来月から長男が負担することに

　吐息さんは、兄の公平さんに介護費用の負担だけでなく、月1回の病院への付き添いもお願いすることができました。

　介護は突然始まることが多く、役割分担をしないまま、「独身だから」「近くに住んでいるから」などを理由に、そのとき対応しやすい人に押しつけてしまいがちです。

　実際に介護生活が始まり、吐息さんのように負担が大きすぎるようであれば、トラブルに発展する前に子どもたちでよく話し合って、役割分担をするとよいでしょう。

　デイサービスなど介護のプロに任せられることは任せ、家族にしかできないこと、たとえばお金の管理や親への愛情表現などは家族が行ない、ケアチーム全体で役割分担をしましょう。担当のケアマネジャーに相談すると、第三者の立場で調整してくれます。

　ちなみに、吐息さんはお母さんの介護を理由に退職しましたが、ケアマネジャーがショートステイを提案してくれ、平日の火曜から木曜まで、毎週2泊3日で定期利用することになり、お母さんが留守の間、パートの仕事を始めました。

吐息さんは、お母さんの介護のために退職という選択をしましたが、「育児・介護休業法」により、介護休業の取得（93日）や介護休暇（年5日）、介護休業給付金の支給もありますので、退職する前に会社の上司や人事担当者に相談してください。退職しなくても済む方法があるかもしれません。

すぐできること

◆ きょうだい間で話し合いの場を設けよう
◆ 介護内容を「見える化」してみよう
◆ 費用負担も含め役割分担をしよう

ニャンポイントアドバイス

昔は「ネズミを捕ること以外、何の役にも立たない」と、ひどい言い方をされていたんだ。暇そうにしているからといっても、明らかに「猫権侵害」だよ。親の介護生活は平均5年以上続くから、無理のないように子どもたちでよく相談してね！　あと、友だちに相談することもおすすめだよ。話を聞いてもらうだけでも、気持ちが楽になるよ。

03 「猫の額」

２畳分のスペースがあれば自宅で入浴も

場所が狭いことのたとえで、「猫の額ほどの広さ」という慣用句があります。「うちなんか、猫の額ほどの庭だよ」などと、本当はそこそこの広さなのに、謙遜して表現する場合にもよく使いますね。

　そもそも全身を毛で覆われた猫に、額があるのでしょうか。額とは、「眉毛と、髪の毛の生え際の間」という定義があり、この定義に照らすと、「猫の額はない」ということになります。どうやら、「あるかないかはっきりしないくらい狭い場所」という意味で使われ始め、次第に「狭い場所」の意味に転じたようです。

　狭い場所と言えば、家の中にはトイレと浴室があります。トイレは、立ち座りのスペースがあれば用を足すことができますが、浴室は、高齢になり介護が必要になると介護者のスペースが必要になるため、自宅での入浴は手狭となります。訪問介護でヘルパーを頼むにしても、お互い窮屈な状態で入ることになり、ゆっくりくつろぐことが難しくなります。

　こうなると、自宅以外の通所介護施設（デイサービス、デイケア）などで入浴せざるを得ません。しかし、通所介護施設に通うためには、介助を受けて車内に移動できるか、車いすに乗車できることが条件になります。車いすにさえ乗れれば、リフト付きの車で送迎ができるからです。

　ところが、要介護状態が重くなり手足の関節が固まってしまうと、ベッド上での生活が中心になり、車いすに座ることもできなくなってしまいます。

　こんなときは、**介護保険サービスのひとつである「訪問入浴介護」の利用を検討しましょう。**訪問入浴介護とは、看護師１人、介護士２人の計３人で高齢者宅を訪問し、組み立て式の浴槽を持ち込んで入浴介護をするものです。

◆訪問入浴介護のしくみ◆

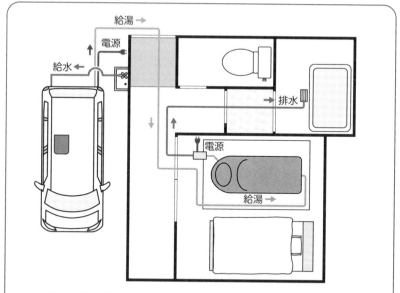

給湯→

電源

↑

給水←

排水

電源

給湯→

入浴車でお湯を沸かして、部屋に設置した浴槽に給湯して入浴できるようにします。2畳ほどのスペースがあれば、そこに防水シートを敷き、浴槽を組み立てることができます

　手順は、浴槽を組み立てたあとお湯を張り、高齢者をベッドから浴槽に移乗、浴槽での洗身・洗髪、シャワーで上がり湯、ベッドに移乗、体拭き、着衣といった一連の行為を、約45分で行ないます。

　利用するためには、介護保険の要介護認定を受け、担当ケアマネジャーに依頼してケアプランに入れてもらう必要があります。

　料金は、１割負担で、１回あたり1,266円（地域区分の加算がない場合）。場所は、高齢者が過ごしているベッド脇に、畳で言うと２畳分、「猫の額」ほどの広さがあれば大丈夫です。

　実際に、訪問入浴介護を利用している湯舟安楽さん（87歳、男性）

は、80歳のとき脳出血で倒れ、右半身マヒの後遺症が残りました。85歳で今度は脳梗塞を起こし、退院後は自宅でほぼベッド上での生活を送っています。介護は、長男の妻の楽世さんが対応したり、訪問介護でヘルパーを依頼していますが、車いすに移乗できずデイサービスに通えないため、訪問入浴介護を利用しています。

　楽世さんは、「週1回ですけど、毎回顔なじみの看護師さんや介護士さんが来てくれて、手際よくお義父さんの全身をきれいにしてくれて、助かっています」と話しています。

　入浴は、体を清潔に保つだけでなく、全身の血行を促進し、心身をリフレッシュさせる絶好の機会です。できれば自宅で気兼ねせず入浴したいところですが、それが難しくなったら通所介護施設で、それも困難な場合は、自宅での訪問入浴介護の利用を検討してください。

すぐできること

◆ 身体は清潔に保ち感染症を予防しよう

◆ 自宅での入浴が困難になったら、通所施設で入浴しよう

◆ 通いが難しい場合は、訪問入浴介護を利用しよう

ニャンポイントアドバイス

ワタシの場合、体の汚れは自分で舐めてきれいにするから心配いらないよ。ときどき飼い主さんがお風呂で体を洗ってくれるけど、水は怖いからイヤイヤ。でも、飼い主さんはお風呂に入ってきれいにしてね！　訪問入浴介護では、床ずれができてないかなど、皮膚の状態も看護師さんがチェックしてくれるよ。

「猫もまたいで通る」

こたつの電源コード、危険です！

このことわざは、「猫もまたいで通るほどまずい魚」という意味が主流ですが、反対に「骨だけ残してきれいに食べるほどうまい魚」という相反する２つの意味があり、後者は、主に西日本で使われているそうです。

　それはともかく、猫はどんなに散らかった我が家のリビングも、４本足でしれっと通ります。猫がつまずいてこけたり、新聞の折り込みチラシで滑ったという話は聞いたことがありませんね。足裏の肉球が、滑り止めの役割を果たしているからです。

　これに対して、高齢の親は、当然ながら二足歩行で足腰も衰えているので、**わずかな段差でつまずいたり、電源コードなどにつま先をひっかけて転ぶことが増えます**。新聞やチラシ、じゅうたんのめくれ部分で滑って転倒することもあります。

　本書では、これまで高齢者の転倒予防の必要性を繰り返しお伝えしてきましたが、重要なことなので、ここでもお話しします。

　まず、高齢者が転倒する原因として、本人に関わることと、住環境に関わることに分けて紹介します。「→」で対策を示しました。なお、介護保険サービスで対応できる対策には「★」を付けました。

▶１．高齢者本人に関わる原因と対策

①加齢にともない筋肉量とともに筋力が低下し、足を上げているつもりでも上がっておらず、つまずいたり、よろけて転倒する

　→転倒予防運動やウォーキングで足腰の筋力をつける★

②加齢による視力低下で足元が見えにくくなり、視野が狭くなって転倒する

　→眼科を受診し白内障の手術を受けたり、視力や視野に適した眼鏡をかける

③いままで何気なく移動していたわずかな段差などにつまずいて転倒する

　→**段差解消工事により、段差をなくす★**

④飲んでいる薬の副作用で、ふらつきや立ちくらみなどで転倒する

　→**副作用が疑われる場合は、主治医や薬剤師に相談し、必要なら薬を代えてもらう**

⑤パーキンソン病など、移動や歩行に支障の出る病気の症状で転倒する

　→**医師やリハビリ専門職に相談し、効果的なリハビリ運動を実践する★**

▶ **2．住環境に関わる原因と対策**

①敷居などの段差につまずいて転倒する

　→**ミニスロープなどで段差をなくす★**

②じゅうたんやカーペットのめくれに足をすくわれて転倒する

　→**角を画鋲などでしっかり固定する**

③床に放置した新聞などで滑って転倒する

　→**床や畳に新聞などを放置せず、常に片づけておく**

④つかまるところがない空間で転倒する

　→**置き型の手すりを置く★**

⑤こたつや扇風機の電源コードにつまずいて転倒する

　→**電源コードは、壁に沿って置き、親の通り道に置かない**

⑥畳からの立ち座りの際によろけて転倒する

　→**畳をフローリングにして、テーブルとイスの生活にする★**

⑦玄関で靴の脱ぎ履きの際、バランスを崩して転倒する

　→**腰を下ろして脱ぎ履きする。または、手すりを設置し、つかまりながら脱ぎ履きする★**

⑧玄関マットが滑って転倒する

　→**玄関マットを両面テープなどで固定する**

⑨浴室で滑ったり、浴槽の出入りで転倒する

　→**滑り止めマットを敷く。手すりを設置し、つかまりながら出入りする★**

　ここで紹介したのは、高齢者が実際によく転倒する箇所です。「転ばぬ先の杖」と言うように、転倒してケガをしてからでは遅いので、できることはすぐに対応して、備えましょう。

すぐできること →

◆**床にものを放置せずいつも片づけておこう**

◆**介護保険が利用できるバリアフリー化工事を検討しよう**

◆**ケアマネジャーや専門職からアドバイスを受けよう**

ニャンポイントアドバイス
....

柱や壁など、手あかで黒光りしている箇所に手すりを付けるといいよ。親が長年頼りにしてきた証拠だね。詳しいことは、ケアマネジャーや包括センターの人に相談してみてね。
実家に帰ったら、転倒や入院もなく無事に過ごせていることを、お互いに認め合うことも大事だよ！

05

「ネコババ」

「嫁に財布を盗まれた」は認知症の始まり？

「拾った財布をネコババした」など、「ネコババ」という言葉はいい意味で使われませんね。もともとは、猫がババ（フン）をして砂をかけて隠す習性を、悪いことをして立ち去る様子に重ねた言葉だと言われています。転じて、他人が置き忘れた財布などを警察に届けず、素知らぬ顔で自分のものにするという意味になりました。

「ネコババ」というと、かわいらしい印象ですが、刑法第254条の「遺失物等横領罪」で1年以下の懲役または10万円以下の罰金もしくは、科料に問われます。猫にとっては、フンをするのは自然現象で、砂や土をかけて始末しているのに、人間社会でこのように悪い意味にたとえられ、納得いかないだろうと同情してしまいますね。

それはともかく、「ここに置いてあった私の財布がない。嫁が盗んだに違いない」と言って、嫁に「私の財布を返して！」と迫る場面は、在宅の介護現場のあるあるです。

本人からすれば、「大事な財布がなくなる」ことは切実な問題ですが、身に覚えのない嫁にしてみれば、「いつもお義母さんのお世話をしているのに、どうして私が疑われるの？　ありえない！」と激怒するのも当然です。

「嫁に財布を盗まれた」という訴えは、「物盗られ妄想」として認知症状の始まりだと言われますが、私たちの身に置き換えて考えてみましょう。

たとえば、いつもバッグの中に入れてある財布がないことに気づく。どこかに置き忘れたのか、いや自分に限って置き忘れなど考えられないと自問自答。しかし、一応記憶をたどって振り返ってみよう。昼食はスマホの「PayPay」で支払い、財布はバッグから出していない。

◆認知症の症状◆

主な行動・心理症状

行方不明など
歩き回って、帰り道がわからなくなるなど

せん妄
落ち着きなく家の中をうろうろする、独り言をつぶやくなど

中核症状

妄想
物を盗まれたなど事実でないことを思い込む

記憶障害
物事を覚えられなくなったり、思い出せなくなる。

理解・判断力の障害
考えるスピードが遅くなる。家電やATMなどが使えなくなる。

抑うつ
気分が落ち込み、無気力になる

幻覚
見えないものが見える、聞こえないものが聞こえるなど

実行機能障害
計画や段取りをたてて行動できない。

見当識障害
時間や場所、やがて人との関係がわからなくなる。

人格変化
穏やかだった人が短気になるなどの性格変化

暴力行為
自分の気持ちをうまく伝えられないなど、感情をコントロールできないために暴力をふるう

不潔行為
風呂に入らない、排泄物をもてあそぶなど

出典：厚生労働省老健局「認知症施策の総合的な推進について」より作成

　次に、顧客から預かった書類をコンビニでコピーした。小銭が必要で、財布から10円玉を数枚取り出した。原稿とコピーは確かに持ち帰った。そうだ、このとき財布をコピー機脇に置き忘れたかも？とピンと来て、脳の中で直近の記憶がよみがえり、明らかにコンビニのコピー機脇に忘れたことに気づき、記憶の糸がつながる。

　スマホでコンビニの連絡先を調べ、連絡したら、次の客が正直に届け出てくれ、店で預かっていることがわかった。すぐにコンビニに行き、身分証明書を提示し、無事に返してもらうことができた。

　このように、私たちは直近の行動の記憶をたどり、原因を探ることができます。しかし、認知症を患っている人は、短期記憶障害のため、直近の記憶をたどることができません。さらに「自分は認知症」という自覚がないので、置き忘れたりしまい忘れることなどが

念頭になく、「誰かに盗られた」「身近にいる人が怪しい」という短絡的な発想になり、同居している家族、特に日中一緒にいる時間が長い家族（嫁）がターゲットになってしまうのです。

　こんな場面では、「お義母さん、私は盗ってないわよ。きっとどこかに置き忘れているから、一緒に探しましょうよ」と言って、いらだつ気持ちをグッと抑え、つとめて冷静になることが大事です。「これは認知症状のひとつで、物盗られ妄想なのだ」と無理にでも自分に言い聞かせるのです。すぐには難しいと思いますが、繰り返し自分に言い聞かせ、時間をかけて受け入れるようにしましょう。

　もし、あなたの親に「物盗られ妄想」が出てきたら、まず冷静になることです。そして、直前の記憶ができなくなっていることを理解し、これ以上症状が進行しないよう、主治医や専門医を受診してください。

すぐできること

◆ 物盗られ妄想は認知症の初期症状ととらえよう
◆ 認知症の人は短絡的に考えやすいと理解しよう
◆ 一緒に探し物をする習慣をつけよう

ニャンポイントアドバイス

飼い主さんのお世話でストレスを感じたら、ワタシと遊んでね！　癒してあげるよ。認知症の親の行動でついイライラしてしまったら、本を読んで認知症の人の気持ちを理解したり、友だちと話したりして、うまくストレスを解消してね！　人の体験談が意外と参考になったり、「大変なのは自分だけじゃない」って、前向きな気持ちになれるよ。あと自分の怒りの感情を紙に書き出すと、気持ちの整理になるよ。

06

「ネコバス」

デイサービスは玄関発着の送迎バスで

「ネコバス」は、アニメ映画『となりのトトロ』に出てくる猫が化けたバスのことです。アニメで最初に出てくるシーンでは、バス停でトトロだけを乗せて走り去っていくため、トトロの専用タクシーのような存在と思った人も多いと思います。

その後の展開では、主人公である姉妹サツキとメイを乗せて森の中を飛び、母親が入院している七国山病院まで２人を連れて行ってくれるのです。どうやらトトロの専用タクシーではなく、バス停もあることから、「路線バスの臨時便」という存在でしょうか？

バスと言えば、高齢者が介護保険サービスで利用する日帰り介護施設（デイサービス、デイケア）の送迎で大活躍しています。 ネコバスのように乱暴な運転はせず、ワゴン車などで自宅の玄関から施設、帰りも施設から自宅まで安全に送り迎えしてくれます。送迎料金は、基本サービスに含まれています。

高齢になると、足腰が弱くなって外出が制限されます。特にいままで車の運転をしていた人は、運転免許を返納すると外出の機会が減り、とたんに出不精になります。これにより閉じこもりになると、ますます足腰が弱くなってしまいます。

バスやタクシーの運転には第２種免許が必要ですが、日帰り介護施設の送迎車の運転は、普通自動車第１種免許で可能です。このため、施設のスタッフが運転する場合も少なくありません。

ほとんどのドライバーが安全運転をしていますが、中には運転が荒い人もいて、送迎中の事故がときどきニュースになります。

乗せているのは、高齢者や車いす利用者なので、急ブレーキや急ハンドル、スピード超過で思わぬ事故に巻き込まれる可能性があります。特にワゴンタイプの車は車体が大きいので、左折する際に縁

石に乗り上げ、衝撃で乗っている高齢者がけがをする場合があります。

　もし、親から「送迎の運転が荒っぽくて怖い」という訴えを聞いた場合は、施設の責任者に申し入れましょう。事故があってからでは遅いので、すぐに連絡してください。親からの訴えがなくても、「お母さん（お父さん）送迎の車は大丈夫？　運転、怖くない？」と確認してください。

　朝の迎えや帰りは時間が決まっているので、ドライバーはできるだけ時間通りに運行しようとし、渋滞などで予定時刻を過ぎると、焦ってスピードを出してしまうこともあります。

　このほか、乗車時間が長くて車酔いしてしまう場合も、遠慮せず施設の責任者に申し出てください。送迎ルートを見直し、乗車時間を短縮してもらえる場合があります。

　幼稚園の送迎バスの車内に園児が取り残され、熱中症で亡くなるという悲しいニュースがありました。

　高齢者の送迎でも、こうした事故がないとは限りません。認知症で自己主張できない高齢者などが、車内に取り残される可能性は否定できません。送迎スタッフは十分注意していますが、念のため「うちの親は自分で言い出せないので、送迎の際は声かけをお願いします」と伝えておきましょう。

　施設の利用時間ですが、朝施設に到着してから夕方施設を出発するまでの時間で換算します。

　料金は、たとえば、要介護１の人が通常規模のデイサービスを６時間以上７時間未満利用をした場合、基本料金は１割負担で584円です（地域区分の加算がない場合）。

送迎に要する時間は、施設の利用時間に含まれていませんが、もし送迎中に事故が発生し施設側の責任が明らかな場合は、利用契約により賠償されます。

　また、一人暮らしなどで、自分で出かける支度ができなかったり、照明やエアコンのスイッチ確認、火の始末などの確認を忘れがちな人には、「居宅内介助」として、施設の送迎スタッフにそれらを代行してもらえます。30分を限度に利用時間を延長することで利用が可能になります。

　利用するには一定の条件がありますが、もし一人暮らしの親が不安に感じているようなら、担当ケアマネジャーに相談してください。

すぐできること

◆送迎付きの日帰り施設を有効に活用しよう

◆利用契約の際、親の性格や病状をしっかり伝えよう

◆送迎中の運転が怖くないか、親に確認しよう

ニャンポイントアドバイス

デイサービスだけでなく、ショートステイを利用するときも送迎してくれるよ。日帰り施設を見学するとき、予約すれば送迎してくれる施設もあるし、見学に付き添ってあげると親は安心すると思うな。
足腰が弱くなったら、車で送迎してもらえると助かるよね！　ボクはネコバスにはなれないけど、市や町が走らせているコミュニティバスや乗り合いタクシーがあるか調べてみてね！

07

「犬は人につき、猫は家につく」

お気に入りの場所はありますか？

お気に入りの人

お気に入りの 家

お気に入りの
喫茶店！

このことわざは、「飼い主が引っ越しをすると、犬は飼い主についていくのに対し、猫は住みついた家に残る」という犬と猫の習性の違いを表現したものです。

つまり、「忠犬ハチ公」に代表されるように犬は飼い主に忠実で、引っ越しをしても飼い主についてくるが、猫は家が自分の縄張りなので、飼い主より家に対する愛着が強く、居心地のいい場所を好む、ということです。

愛猫家からすれば、犬と比べられると「猫には猫のよさがある！」「うちの子は、私になついている」と言いたくなりますね。実際に引っ越しをする場合、新しい家に着くと、環境に慣れるまで時間がかかりますが、猫は新たな縄張りづくりをします。

ここで言いたいことは、「親が気に入っている場所、居心地のいい場所がありますか？」ということです。もちろん、我が家を気に入っていることは当然ですが、**我が家のほかに、地元で居心地のいい場所や環境を持ちましょう**、という提案です。

たとえば、自宅近くの喫茶店のいつもの席に着いて、「いらっしゃい」「いつもので…」と、モーニングセットを注文して、お気に入りのコーヒーをすする。

年老いたマスターとも顔なじみで、何気ない会話を通して、お互いの安否確認。朝刊に一通り目を通したら、「じゃあ、また明日」と言って会計をして店を出る。こんなお気に入りの店があると、親の日常生活が充実しますよね。

夜は、馴染みの小料理屋で、おかみと他愛もない話をしながら、しばし酔いしれる、というのもいいですね。一人酒もいいですが、飲み仲間がいると、話題が広がります。

こんなお気に入りの店や、行きつけの店があるか、親に聞いてみてください。あれば、長くひいきにするようにし、なければいまからでも遅くないので、行きつけの店をつくるよう働きかけてみましょう。誰でも最初は一見さんですが、気に入って通い続けるうち、馴染みの店になるものです。

　また、地元の公民館などで開催されている囲碁教室や短歌教室、社交ダンスのサークル、絵手紙教室などに参加することも、居心地のいい場所づくりになると思います。

　119ページで紹介した堺屋さんのように、親自身が呼びかけてサークルをつくり運営したりすると、脳の新たな刺激になり、認知症予防につながることがわかっていますので、これもおすすめです。

　このほか、150ページで紹介したように、介護保険のデイサービスも、親にとっては居心地のいい場所になるかもしれません。

　デイサービスは、一度通い始めたら約9割がリピート利用するので、要介護認定を更新し続ければ、デイサービス施設が閉鎖にならない限り、無期限に通うことができます。

　こんな話がありました。内科クリニックや整形外科などの待合室が、近所の高齢者のサロンになっていた時代です。顔なじみの人が来ないと、「○○さん、今日はどうしたのかしら、具合でも悪いのかねえ」などと、みんなで心配していました。医療費の自己負担が安く、整形外科や接骨院などは低周波治療やマッサージなどで連日通う高齢者が多い時代のエピソードです。

　令和の現代はこんなことはありませんが、地元の人たちと気軽に顔をあわせ、安否確認をする場所が必要です。

地区の民生委員の方は、一人暮らしや高齢世帯の安否をいつも心配してくれているので、たまには親のほうから連絡して、「元気でいますよ！」と伝えるようすすめてください。

　それから民生委員の方は、「近所のスーパーが閉店してしまう」「3丁目に整形外科のクリニックができた」など地元の情報をよく知っています。また、行政や包括センターともつながっているので、連絡先を聞いて、つながりを持っておくと安心です。

すぐできること

◆地元に通い慣れた店をつくろう

◆公民館などでサークル活動に参加しよう

◆地区の民生委員と仲良くしよう

ニャンポイントアドバイス

一人暮らしの親を引き取って一緒に暮らすのは、親孝行で偉いニャー。思い切った選択だね。でも、親にとっては地元を離れるわけだから、新しい環境に慣れるまでに時間がかかったり、かえってストレスになる場合もあるよ。親が住み慣れた家や地域に住み続けられるようにすることも大事だから、ケアマネジャーや包括センターの人に相談してみてね。

08

「猫に小判」①

認知症の親の預金を引き出す方法

猫に小判を与えても、その価値を知らない猫にとっては何の反応もないことを、「猫に小判」と言います。どんな立派なものでも、価値がわからない者にとっては何の値打ちもない、という意味です。同じ意味で「豚に真珠」とも言います。どちらも江戸時代から使われていることわざです。

　猫と認知症の親を結びつけるのは、やや強引ではありますが、認知症が進むと、お金の管理が徐々にできなくなります。

　たとえば、スーパーで786円の買い物をしたとすると、財布から小銭を集めて支払うことができなくなり、1,000円札を出してお釣りをもらう、ということが増えてきます。このため、財布の中は小銭だらけに。ポイントカードの提示も、店員に聞かれないと忘れてしまいがちです。

　また、偶数月の15日に年金が入るので、その日に必要な支払いをしようとまとまった現金をおろしていたのが、年金支給日を把握できなくなり、思いついたときにお金を引き出してしまい、月末の引き落としができない、といったことも出てきます。

　猫はもともと小判（お金）の価値を知りませんが、認知症が進むと、お金の価値を知っていてもうまく管理できなくなるのです。こうなると、誰かが代わってお金の管理をすることになります。まずは、親の金銭管理能力が、どの程度なのか知ることから始めましょう。185ページで詳しく解説します。

　最近よく受ける相談が、次のようなものです。
　「認知症の親の預金をおろして入院費用にあてようと思い、印鑑と通帳を持参して銀行の窓口に行ったら、『本人を連れてきてくだ

さい』と言われました。車いす生活の本人を連れて行くことは大変です。どうしたらいいでしょうか？」

　実は最近、認知症になった親の口座からお金を引き出せないというトラブルが増えています。

　各家庭で事情は異なりますが、親の生活費や入院費、介護費用は、親の預金や年金から支払うのが基本です。しかし、親が自分でお金の管理ができなくなったら、配偶者や子どもが支払いを代行することになります。このときに「本人確認」が必要となるわけです。

　金融機関の窓口では、基本的に口座名義人、つまり親本人でないとお金が引き出せません。いくら家族で本人も了解しているからといっても、断られる場合がほとんどです。中には、「成年後見人を選任してから来てください」と言われる場合もあります。

　親の入院費の支払いなど、急な場合は困りますよね。結局、子どもが立て替えて払うことになってしまいます。

　こんなときは、**金融機関の「払い戻し用紙（払戻請求書）」を1枚もらって帰り、本人に直筆で氏名を書いてもらい、委任状も直筆で書いてもらって、届出印、預金通帳、医療機関の請求書とともに金融機関の窓口に出せば、たいていは払い戻しに応じてくれます。**委任状の書式は、多くの場合、金融機関のホームページからダウンロードできます。

　一時的な入院費などの支払いはこれでよいとしても、日常の生活費などは困りますよね。本人の判断能力が低下してきて、金融機関で手続きすることが難しい、家族も別居していて、生活費の引き出しなどができない場合は、地元の社会福祉協議会（社協）が行なっている「日常生活自立支援事業」の利用を検討しましょう。

この事業は、認知症などで判断能力が不十分になっても地域で自立した生活が送れるよう、契約に基づき福祉サービスの利用援助や、預金の払い戻しや解約、日常生活費の金銭管理などを有料で代行してくれるものです。また、預貯金通帳やキャッシュカードなども預かってくれます。

　申し込みは、親が住んでいる市区町村の社協が窓口になります。利用開始にあたっては本人との面談があります。社協の連絡先は、役所の福祉担当窓口で教えてくれますので、必要な場合は利用を検討してください。

すぐできること

◆ 親の金銭管理能力を知ろう

◆ 一時的な払い戻しは、金融機関の委任状を活用しよう

◆ 定期的な金銭管理は、社協の事業を検討しよう

ニャンポイントアドバイス

昔のことわざは、猫をバカにしたものが多くて失礼だよね！　猫がお金を使えないことを知っていて、悪口を言っているとしか思えないよ。でも飼い主さんが認知症でお金が使えなくなると、ボクらのご飯代にも影響するから、しっかり管理してほしいニャー！　飼い主さんが子どもにお金の管理を頼むのは、あなたを信頼しているからだよ。親子の関係がうまくいっている証拠だね！

09 「猫に小判」②
認知症の親の預金を管理する方法

親の認知度をチェック

よし、操作はOK!

親が年老いていくことは、子どもとしては認めたくないものです。いつまでも元気でいてくれるものと、期待も込めて勝手に思い込んでいます。特に認知症は、ある調査によると「親に患ってほしくない疾患」の１位です（「Every DHA推進委員会」調べ）。「認知症になるのだけは勘弁して！」と多くの人が願っています。

　しかし、認知症にかかっている人の割合は、70代前半では3.6％ですが、70代後半には10.4％に急増します。その後、80代前半で22.4％、80代後半では44.3％と倍増。つまり、90歳になる前には、２人に１人が認知症になるということです。

　したがって、必要以上に認知症を恐れるのではなく、加齢とともに増えてくる物忘れや勘違い、被害妄想が強くなることなどを「脳の老化現象」ととらえ、正しく理解したうえで、これ以上進行しないような対策を心がけましょう。

　そのための第一歩として、**親の認知能力がいまどの程度かということを知る必要があります。**ここでは、認知症全体の約６割を占めるアルツハイマー型認知症の代表的な症状に対する金銭管理の対策を紹介します。

　また、配偶者や子どもなど同居家族がいる場合は、家族のサポートを受けられるので、ここでは親が一人暮らしをしているという前提で話を進めます。

▶第１段階（正常）

　認知能力に支障がなく、日常生活にも支障がない。本人が金融機関やATMの窓口に行き、必要な支払いや支出をすることができる。
→できれば、この段階で親の銀行口座の種類やキャッシュカードの暗証番号を聞いておき、いざというときは、代わりに引き出すこ

との了承を得ておきます。

　また、アパート経営などで親に収入がある場合は、判断能力のあるこの段階で、「家族信託」や「資産承継信託」などの手続きを金融機関で行なっておくとよいでしょう。

▶ 第2段階（軽度認知障害）

　物忘れや記憶障害などが目立ってきたが、日常生活には特に支障がない。ただ、金融機関のATMの操作に戸惑うことがあり、認知症の前段階である軽度認知障害（MCI）の状態。

→金銭管理は、本人の了解を得て家族が代行します。

　家族で代行できない場合は、第三者に代行してもらう「日常生活自立支援事業」の利用を検討しましょう。

　家族も他人任せにすることなく、定期的に訪問して生活状況を確認し、親が特殊詐欺などの消費者被害に遭わないよう注意してください。また、ケアマネジャーや包括センターに相談して、リハビリや脳トレなど認知症状が進行しないようなサービスを利用するのがおすすめです。

▶ 第3段階（初期の認知症）

　直前の記憶ができず、思い違いや同じ話の繰り返しが目立ってくる。ときどき火の消し忘れなどもあり、今日が何月何日かもわからなくなり、一人暮らしが難しい状態。

　金銭感覚も乏しくなり、消火器を高額で買わされたり、屋根の修理で数十万円を支払ったりと消費者被害に遭うことが増えてくる。

→金銭管理は家族が行ない、生活費のみ定期的に親に渡します。金融機関で現金を引き出したら、記帳した通帳を見せ、入出金と残高を確認してもらうとよいでしょう。

また、本人と一緒に金融機関に行き、代理人が預金をおろせる「代理人カード」を発行してもらいます。定期預金がある場合は、解約して普通口座に移し替えておくと安心です。

▶第4段階（中期の認知症）

食べたことを忘れたり、外出すると道に迷い警察に保護される。スーパーで買い物をして、支払いをせずに店を出ようとして万引きと間違われたりすることが増える。この状態になると、この先一人で生活することはかなり難しい。

➡金銭管理は家族が行ない、食材や日用品の買い物等はヘルパーに依頼しましょう。

現金は、親に気づかれない場所に保管し、本人には持たせないようにします。本人が現金の所持にこだわる場合は、数千円程度を渡して不安の解消に努めるとよいでしょう。

介護施設への入所を検討し、すぐに入所できない場合は、長期ショートステイを利用し、常に見守りや介護を受けられる環境で生活してもらうと安心です。

以上、親の認知能力ごとに金銭管理の方法を紹介しました。

認知症が進行し判断能力が低下すると、お金に対する執着心が強くなり、たとえ子どもでも自分に代わって管理してもらうことに抵抗を感じます。

このため、たとえば「お金はこれからの生活にとって大事だから、お母さん（お父さん）がお金に困らないように私に任せてね」などと、この先の心配を減らすために必要なことだと理解してもらいましょう。

そのためには、日頃から親とコミュニケーションを図り、「〇〇（息子や娘）なら、お金のことを任せられる」という信頼を得ておくことが大切です。

すぐできること

◆認知症を正しく理解しよう

◆現在の親の認知能力を把握しよう

◆認知能力の段階ごとに対策を講じよう

ニャンポイントアドバイス

お年寄りがペットを飼うと、心と体の健康につながり、認知症予防になると言われているけど、もし飼い主さんが介護施設に入ってしまったら、ボクの世話は誰がしてくれるの？　元気なうちに相談しておいてね。新しくボクたちを家族にするときは、しっかり考えてほしいニャ。保健所で最後を迎えるのだけは嫌だよ！　飼い主さんの家で、いつまでもボクと過ごせるよう、家族もしっかり親のこと見守ってね！

おわりに

　猫の動作や習性、行動から、親の生活に活かしたり、反面教師にしてほしい場面を紹介しました。本書の内容の一部でも実践していただけたら幸いです。

　親にはいつまでも元気でいてもらいたいと誰もが思いますが、介護は突然やってきます。転倒事故や心筋梗塞、脳出血などでの緊急入院や、その後の介護生活。あるいは、がんが見つかり、入院や手術が必要と言われた。こうなると、親自身の生活は一変するのはもちろんですが、子どもの日常生活にも大きな影響をおよぼします。

　また、「親が認知症になるのでは？」と、ほとんどの方が心配しています。認知症は、親の脳内で徐々に症状が進行していきますが、それに気づくのは突然です。誰かに財布を盗まれた、特殊詐欺にだまされた、高額の商品を買い込んでいたなどが判明したことで、「あれ？　もしかしてお母さん（お父さん）が認知症なのでは？」と初めて疑いを持ちます。

　本書の内容をもとに日頃の観察力を高め、親のちょっとした変化を感じ取れるようになることで、予防や迅速な対応をしていただければと思います。

　親の生活では、地域包括支援センターをはじめ、とにかく介護の専門職に相談することが何より大事です。一人で抱え込まず、専門職の力を頼ってください。猫がかまってほしいとき、こちらの都合も考えずにすり寄ってくるように、専門職を頼ってほしいと思います。本文でも、繰り返しそのことをお伝えしたつもりです。本書が、親が要介護状態になる前に対策をするきっかけになれば幸いです。

本書を執筆にするにあたり、猫の生態を調べるため複数の書籍を参考にしましたが、執筆中、年1回実施されている「第7回ねこ検定初級」を受験し合格しました。今後は中級を目指す予定です。

　なお、検定料の一部は、「公益財団法人どうぶつ基金」に寄付されます。どうぶつ基金では、猫の殺処分ゼロを目指し、不妊・去勢手術を積極的にすすめています。

　最後に、本書を刊行するにあたり、日本実業出版社の板谷美希さんはじめ編集部のみなさん、素敵なイラストを描いてくださった坂木浩子さん、デザイナーの沢田幸平さんに大変お世話になりました。心より感謝申し上げます。

2024年6月

田中　克典

【参考文献】

『ニャンでかな？　世界一楽しく猫の気持ちを学ぶ本』（服部幸監修、宝島社）

『ねこほん　猫のほんねがわかる本』（卵山玉子マンガ、今泉忠明監修、西東社）

『気持ちを知ればもっと好きになる！ 猫の教科書』（CAMP NYAN TOKYO監修、ナツメ社）

『親の介護の不安や疑問が解消する本』（田中克典著、日本実業出版社）

田中克典（たなか　かつのり）
1962年、埼玉県生まれ。日本福祉教育専門学校卒業後、福祉系の出版業務を経て、東京都清瀬療護園（重度身体障害者入所施設）、清瀬市障害者福祉センター（デイサービス、ショートステイ）などで介護体験を積む。1984年にはインド・コルカタの故マザー・テレサ女史の運営する施設で介護体験し、テレサ氏とも懇談する。2000年、介護保険制度発足と同時にケアマネジャーの実務に就き、これまでに約450人の高齢者を担当した。現在は株式会社スタートラインで現役ケアマネジャーをしている。主な資格は、主任介護支援専門員、産業ケアマネ3級、ねこ検定初級。
NPO法人「小江戸ふぁみりぃ」理事長。著書に『介護保険のかしこい使い方』（雲母書房）、『親の介護の不安や疑問が解消する本』（日本実業出版社）、『親の介護手続きと対処まるわかりQ&A』（玄光社）がある。

「親の介護」は猫にたとえちゃえばいい。

2024年7月1日　初版発行

著　者　田中克典　©K.Tanaka 2024
発行者　杉本淳一

発行所　株式会社日本実業出版社　東京都新宿区市谷本村町3−29 〒162-0845
　　　　編集部 ☎03-3268-5651
　　　　営業部 ☎03-3268-5161　振　替　00170−1−25349
　　　　　　　　　　　　　　　　https://www.njg.co.jp/

印　刷・製　本／中央精版印刷

ISBN 978-4-534-06115-7　Printed in JAPAN

やるべきことがストーリーでわかる
親の介護の不安や疑問が解消する本

介護認定の手続き、介護保険のサービス内容、困ったときの対応策、介護にかかるお金、親への接し方などについて、現役ケアマネジャーの著者がストーリー仕立てで解説。

田中克典
定価 1760円（税込）

財産は？　お葬式は？　認知症になったら？
ふと、終活のことを考えたら最初に読む本

ふと、人生の先々のことが気になったときに、読めば漠然とした不安が消える心の処方箋となる本。漠然とした不安がなくなれば、その後の人生をよりよく生きることができます。

加藤光敏
定価 1650円（税込）

お金・仕事・生活…知らないとこわい
定年後夫婦のリアル

経済コラムニスト（夫）、確定拠出年金アナリスト（妻）として活躍する2人が、お金、仕事、生活、夫婦間のコミュニケーションなど、アフター60歳の真実と対策をズバリ解説。

大江英樹　大江加代
定価 1540円（税込）

一生、月5万円以上の配当を手に入れる！
シニアが無理なく儲ける株投資の本

シニアが安心して暮らすためのお金はどう手配すればいいのか？　日本一の経済誌の元編集長が定年退職後から実践している "スローライフ高配当株投資" のノウハウを公開！

川島睦保
定価 1760円（税込）

定価変更の場合はご了承ください。